safeCreative
1 208220 666580
Registered works

ISBN: 9798735964391

Artes Gráficas
Materias Primas

Soportes, tintas, impresoras, calidad, seguridad y evaluación

Edición EMD

Primera edición

Comunidad Europea

2021

Índice

Soportes papeleros

El invento del papel

- Es un invento chino del siglo II a.C.

- Empezó siendo un relleno para las prendas de abrigo, hecho de hilo de seda.

- Ya en el siglo III, Ts'ai Lun añade una sustancia que unía esas fibras de seda para poderlo utilizar en escritura. Esto lo consiguieron con agar-agar.

- Se empezaron utilizando también ropas viejas para fabricar papel.

- Más tarde se utilizaron fibras procedentes de algunos árboles chinos.

- Los árabes después extendieron la nueva técnica por todo Europa a través de España.

El papiro y el pergamino

- Los egipcios fueron los primeros en usar el papiro. (3000 a.C. aprox.).

- Proviene de una planta del mismo nombre que crece a las orillas del río Nilo.

- Se utilizó hasta el siglo X d.C.

- El Pergamino nació en una ciudad griega llamada Pérgamo en el siglo III a.C. Se hacía con pieles curtidas de animales vacunos.

- Ya los Mayas y Aztecas conocían el papel cuando se descubrió América y le tenían gran aprecio.

- El documento más antiguo conservado en papel en España es el "misal Mozárabe" (1040-1050) existente en el monasterio de Silos.

Hitos históricos del papel a lo largo de la historia

- Siglo XIII, se empieza a encolar el papel con alúmina de roca y cola animal.

- En 1450 con la invención de la imprenta (Gutenberg), el papel se hace imprescindible.

- Entre 1670 y 1680 se inventa la pila holandesa para triturar ropa usada.

- En 1789 Robert inventa una máquina para producir papel continuo de unos 60 cm de ancho.

- En 1804 los hermanos Fourdrinier perfeccionan la máquina Robert haciendo la primera máquina plana industrial.

- En 1807 se empieza a utilizar el caolín como carga.

- En 1821 con la aparición de la máquina de vapor se empieza a secar en continuo.

- En 1840 Aparece la pasta mecánica en Alemania a partir de fibras madereras.

- En 1854 se manufactura pasta química a la sosa.

- En 1859 aparecen los refinos cónicos.

- En 1874 el proceso químico al bisulfito.

- En 1884 el proceso químico al sulfato.

- Ya en el siglo XX con las nuevas técnicas y desarrollos electrónicos e informáticos, avanza rápidamente todo lo relacionado con los controles de máquinas y con los componentes papeleros sintetizados en laboratorio.

Actualidad del papel

- Hoy en día no podemos vivir sin papel.

	Papel y Cartón			Prensa			Impresión y Escritura		
	1988 %	1991 %	2001 %	1988 %	1991 %	2001 %	1988 %	1991 %	2001 %
EEUU	26,1	28,6	35,3	23,7	31,0	42,5	6,1	7,1	9,6
Europa Occidental	34,4	36,9	39,6	24,2	28,2	36,7	4,8	5,5	7,2
UE	47,7	50,7	53,7	55,2	52,0	58,0	7,1	7,9	10,0
Europa Oriental	27,1	29,5	39,4	6,3	9,5	20,0	6,2	7,2	11,0
Japón	50,9	52,2	55,6	42,2	430,0	47,3	12,9	13,9	17,8
Total Mundo	32,8	35,1	40,2	17,5	23,4	37,3	7,4	8,4	12,1

- Existe una relación directa entre desarrollo de un país y su consumo de papel.

	Reciclado %	Virgen %	Reciclado %	Virgen %	Reciclado %	Virgen %
1988 /1991	4,9	1,3	13,7	0,8	7,6	2,7
1991/1996	4,5	1,8	7,8	0,5	13,7	3,4
1996 / 2001	3,9	2,1	6,12	-0,1	11,3	2,9

Consumo por habitante / año de papel y cartón en 1999 (fuente PPI julio 00)

	Kg / habitante	Millones de habitantes
Norteamérica	337	303
Unión Europea	196.4	337.7
Otros paises del este de Europa	204	12.6
Paises del este de Europa	24.7	390.8
Australia	146.5	28.3
Latinoamérica	34.8	505.9
Asia	26.9	3608.7
África	5.9	751
TOTAL	52.6	5978

Composición de las materias papeleras

Fibras

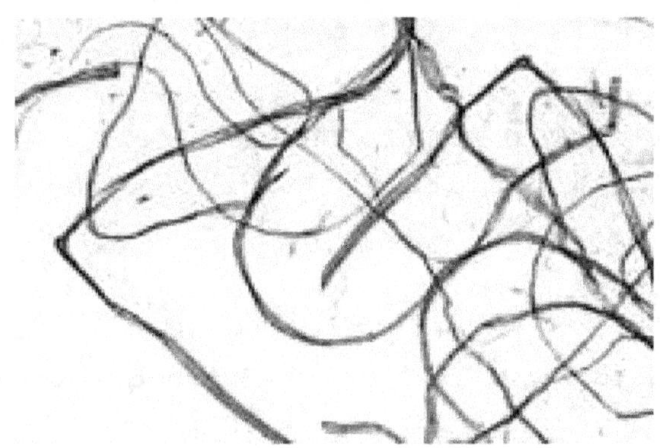

Madereras

Son la parte más importante y mayoritaria de la composición del papel.

Pueden ser:

- Fibras de árboles resinosos

- Fibras de árboles frondosos

Fibras no madereras

- Procedentes de algunas plantas como la caña de azúcar y paja de cereales y otras minoritarias como cáñamo, algodón, esparto y lino.

- El algodón se utiliza para papel moneda y papeles especiales.

- La paja se emplea para papel fino tipo biblia y para la tripa del cartón ondulado.

Fibras sintéticas

Se utilizan poco para la impresión y dan papeles especiales muy resistentes.

Composición de las materias papeleras
Lo que no son fibras en el papel
- Cargas
- Pigmentos

Son compuestos químicos similares, aunque de tamaño de grano diferente.

Lo que no son fibras en el papel
Cargas

- Se añaden al papel en masa, en la Tina de mezclas.

- Confieren al papel características para mejorarlo

- Las cargas más utilizadas son: Caolín, Talco, Carbonato cálcico y sulfato cálcico.

Pigmentos

- Se añaden en superficie y son el componente fundamental del estucado.

- Más finos que las cargas.

Efectos que producen las cargas y pigmentos en el papel

- Dan buenas propiedades químicas al papel.

- Dan mayor blancura y opacidad dependiendo de la finura de sus partículas.

- Dan mayor densidad por ser más densas que la pasta y, por tanto, mayor gramaje.

- Evitan el traspasado de la tinta.

- Disminuyen la macroporosidad y mejoran brillo y lisura.

Pigmentos y cargas más utilizados

Caolín

- Es el más usado.

- Es un silicato de aluminio.

- Da buen brillo al papel al ser calandrado.

Carbonato cálcico

- Es muy sensible a los ácidos y eso puede influir al entrar en contacto con el agua de mojado en Offset.

- Al tener finura elevada da buen poder cubriente y buena opacidad.

- De brillo inferior al caolín, se emplea para papeles mate.

- Más absorbente que el caolín.

Blanco satino

Obtenido por la reacción del sulfato de aluminio con hidróxido cálcico qué forma agujas dando al papel mucha microporosidad.

$$Al_2 (SO_4)_3 + Ca (OH)_2$$

Talco

- Es sulfato de magnesio (Mg SO_4)
- Da un buen brillo, aunque se usa poco.

Dióxido de titanio

- Es el mejor; pero se usa poco porque es muy caro.
- Da mucha opacidad.

Pigmentos sintéticos

- Todos los anteriores son naturales; pero hay muchos pigmentos sintéticos obtenidos en laboratorio a base de silicatos de aluminio y magnesio.
- Su precio es más elevado; pero mejoran la uniformidad superficial del papel.

Composición de las materias papeleras
Aditivos

- Son productos añadidos al papel para mejorar sus propiedades

Productos de encolado

- Aumentan la impermeabilidad del papel (importante en Offset, en encuadernación con colas al agua y en el escurrido de la tinta al escribir con tintas líquidas). Importante también para papel de etiquetas de envases recuperables.

- Hoy en día se sintetizan en laboratorio productos de pH=7; por lo que no existe tanto problema en el secado de las tintas grasas.

Antiespumantes

- Para evitar formación de espumas en la fabricación de papel

Blanqueantes ópticos

- Aumentan la blancura de pasta y cargas.

- Se pueden añadir en masa y en el estucado.

Ligantes de estucado

- Productos químicos que se añaden a las "salsas" de estuco para que los pigmentos queden unidos a la superficie del papel soporte.

Resinas de resistencia a la humedad

- Aumentan la resistencia del papel cuando este se moja (vallas publicitarias, etiquetas de botellas recuperables)

Colorantes

- Para obtener papeles de colores.

- Se pueden añadir en masa o en superficie.

Microbicidas

- Para evitar que proliferen colonias de hongos o bacterias durante la fabricación de papel.

- A veces se aplican en superficie cuando el papel va destinado a envase de alimentos, detergentes, etc.

Retentivos y floculantes

- Mejoran la retención de cargas en la mesa de formación de la máquina de papel.

Tipos de pastas papeleras

- Preparada adecuadamente la madera, se procede a formar la pasta (pasteado) que se puede hacer con procesos mecánicos, químicos o bien combinando ambos.

Fabricación de hojas de pasta

Tipos de pastas papeleras

Pasta mecánica

Mecánica clásica (de muelas)

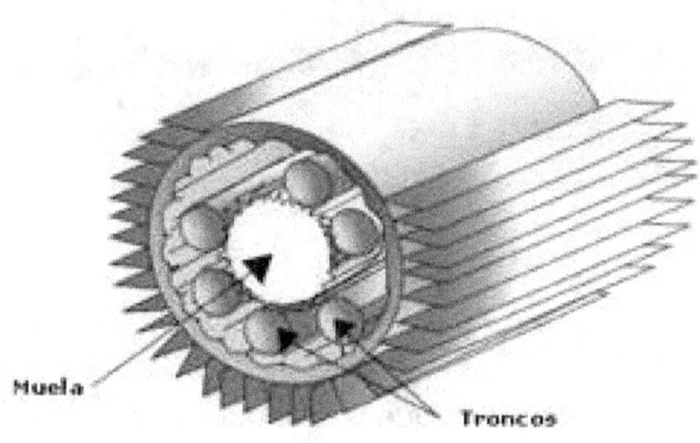

Molino Roberts

- Se obtiene a partir de los troncos de resinosas.

- Se utiliza una muela cilíndrica de superficie rugosa (granito normalmente)

- Se humedece constantemente para disipar calor, para transportar las fibras que se van desprendiendo y para lavar la muela.

- La muela posee movimiento de rotación y los troncos se presionan contra ella a lo largo de su eje (molino Warren).

- El frote produce temperaturas de unos 170 °C que reblandecen la lignina y favorecen la separación de fibras.

Molino Warren

Ventajas e inconvenientes de la pasta mecánica

- Rendimiento elevado

- Instalación más pequeña que en pastas químicas

- Papeles con buen volumen y peso especifico

- Buena para papel Prensa, cartoncillo, embalajes...

- Bajas propiedades físicas

- No elimina la Lignina

- Difícil de blanquear

- Baja blancura inicial (menor del 80%)

Pasta de astillas o de refinos

- Utiliza desfibradores a los que se introducen la madera cortada en astillas.

- La mecánica de muelas daña la pared de las fibras y por eso no se puede aplicar en frondosas (pared más fina).

- La acción de los desfibradores es distinta a la de las muelas y se obtienen pastas menos degradadas.

- En los últimos años se utilizan más los desfibradores de discos.

Astillas

Ventajas e inconvenientes de la pasta de refinos

- Posible utilizar madera con malformaciones y restos de serrerías

- Maquinaria cara

- Posible utilizar madera de frondosas

- Mayor consumo energético

- Escasa mano de obra

- Mayor coste de mantenimiento

- Mejores características del papel

- Pasta de calidad uniforme

- Control de calidad sencillo

- Posibilidad de incorporar un tratamiento químico suave (pastas semiquímicas)

Pasta termomecánica

- Introduce vapor a temperatura elevada para calentar las astillas antes de introducirlas en el refino.

- El calentamiento reblandece la lignina y permite una mejor separación de las fibras sin deteriorarlas tanto.

- Se obtienen pastas con fibras más largas y resistentes y menor Nº de trozos de astillas sin desfibrar.

- Según la temperatura de tratamiento, así se obtienen distintos tipos de pastas.

- La separación de fibras se hace mediante refinos de discos.

Características generales de la pasta mecánica

- Su uso fundamental es para papel de periódico y cartoncillo.

- Su rendimiento es elevado (95%) debido a que no pierde apenas celulosa, hemicelulosas y lignina.

- Son papeles que amarillean con el tiempo y la luz, según su contenido en lignina.

- Da papeles de alta opacidad luego se podrán utilizar para papeles de bajo gramaje.

- Se obtienen papeles de espesor superior a los fabricados con igual gramaje, pero de pasta química.

Pasta semiquímica

- La diferencia fundamental con la termomecánica es que se les aplica un suave tratamiento químico con hidróxido sódico en caliente.

- Ofrecen mejores características físicas que las convencionales y también altos rendimientos.

- Se pueden usar fibras cortas y largas.

- También utiliza astillas.

- Después del tratamiento químico se pasan a refinos de discos para extraer las fibras.

Pasta química

Introducción

- Se consigue tratando químicamente la madera para eliminar la lignina.

- Existen dos variedades:

    - Pasta al Bisulfito

    - Pasta al sulfato (más importante)

- Ambas pastas pueden mezclarse, incluso con pastas mecánicas, dando distintos papeles.

- El tratamiento puede ser en continuo o en discontinuo.

Digestor

Pasta al bisulfito

- Los productos químicos utilizados son bisulfitos cálcico, magnésico o amónico.

- La temperatura del tratamiento está entre 130 y 140 ºC con tiempos entre 6 y 8 horas

- Con este método la eliminación de la lignina es más fácil y se obtienen pastas ricas en hemicelulosas

- No suelen recuperarse los productos químicos.

Sistema al sulfato

- La Sosa es el principal reactivo químico utilizado en el tratamiento.

- También se llama Kraft (resistente en alemán) por obtener pastas más resistentes que las bisulfíticas.

- Se utiliza más que el anterior por la posibilidad de recuperar los reactivos.

- Con una correcta secuencia de blanqueo se puede llegar a blancuras similares a las obtenidas con el bisulfito.

- Es posible el reciclado de los reactivos y por ello, al ser un ciclo cerrado, no genera problemas medioambientales.

Proceso de fabricación de papel

Máquina de papel

Preparación de la madera

Corte de madera

Composición química de la madera

Los carbohidratos

- Compuestos principalmente por celulosa y hemicelulosas.

- La celulosa es un polímero de la glucosa

- La celulosa es hidrófila por lo que al absorber agua se dispersa perfectamente. También, esta afinidad por el agua es la responsable de la estabilidad dimensional del papel ante la humedad.

- Las hemicelulosas se degradan fácilmente al cocer la madera. Tienen importancia en el refinado de la pasta.

La lignina

- Amorfa y de color oscuro.

- Compuesto químico muy complejo.

- Une fuertemente las fibras al árbol a modo de cemento.

- Para conseguir papeles blancos y separar bien sus fibras, es necesario eliminarla.

- El principal problema es que provoca el envejecimiento prematuro del papel porque amarillea con rapidez (por ejemplo, los periódicos).

Composición química de la madera
Otros compuestos

- Aunque son minoritarios, a veces es necesario eliminarlos porque pueden producir manchas en el papel.

	Resinosas	Frondosas
Lignina	25 - 30 %	18 - 23 %
Celulosa	40 - 45 %	40 - 50 %
Pentosas	10 - 12 %	20 - 30 %
Hexosas	10 - 15 %	3 %
Resina	4 %	1.5 - 2 %
Otros	2 - 4%	1.5 - 3.5 %

Preparación de la madera

Criterios para el corte del árbol

- Además de otros posibles criterios políticos, forestales, medioambientales, etc., los criterios que se suelen seguir para cortar un árbol son:

Longitud de fibra:

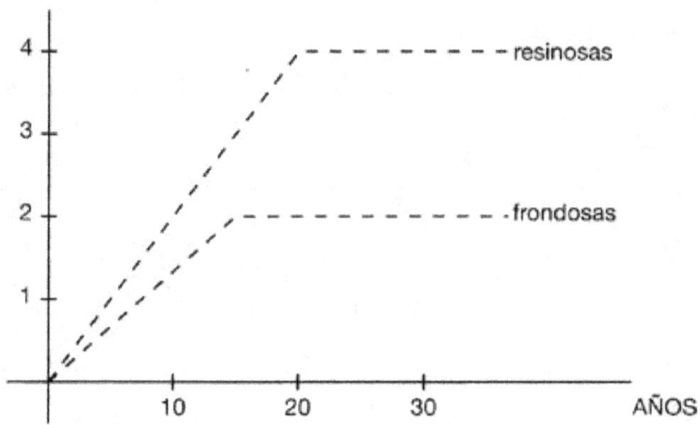

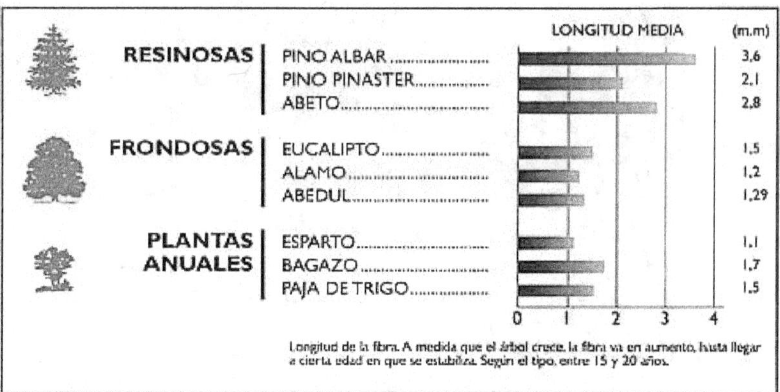

Longitud de la fibra. A medida que el árbol crece, la fibra va en aumento, hasta llegar a cierta edad en que se estabiliza. Según el tipo, entre 15 y 20 años.

Diámetro del tronco

El diámetro óptimo está entre 15 y 30 cm para su fácil manipulación.

Descortezado

La corteza hay que eliminarla porque:

- No tiene fibras.

- Consume productos químicos.

- Ensucia las pastas.

- El eucalipto es más fácil descortezarlo a mano en el mismo pie de bosque.

- En las resinosas se descortezan químicamente o mecánicamente (más frecuente), a través de un tambor descortezador que fricciona los troncos al girar. Las cortezas y demás restos de madera se usan después para producir la energía necesaria por ejemplo en el secado de las hojas de pasta y del mismo papel si es una fábrica integrada.

Máquina descortezadora

Almacenado de la madera

- Operación importante para que no se estropee lo trabajado hasta ese momento.

- Las condiciones ideales son lugares secos y aireados con buen drenaje del suelo y buen descortezado.

Astillado

- Operación imprescindible para pastas químicas, semiquímicas y mecánicas de refino.

- Con astillas es mucho mejor la impregnación con los productos químicos.

Preparación de la pasta

Tratamiento de las fibras primarias

- Se llaman también fibras vírgenes por ser fibras que no han salido de la fábrica de papel.

- También se consideran primarias las fibras procedentes de cortes en el proceso de fabricación o acabados.

Pulper

- Es un recipiente con una hélice en su parte inferior donde se introducen las hojas de pasta procedente de fábricas no integradas y que, junto con agua, se agitan preparando suspensiones de fibras con un 90% de agua aproximadamente.

- Las fibras pasan después por un tamiz que separa las fibras individuales de los aglomerados sin deshacer.

- Del Pulper las fibras pasan a una tina de Stock.

Despastilladores

- Tienen la misma misión que el Pulper, pero su tratamiento es más enérgico.

- Están provistos de dos discos con salientes por donde se impulsa la pasta y al girar entre sí, se individualizan las fibras y se dispersan.

Refino

- Es el aparato clave para conseguir el papel con las características deseadas por el fabricante.

Refino

- Todos los refinos constan de un elemento fijo (estator) u otro rotativo (rotor) haciendo pasar la pasta entre ambos.

- Hay un tipo de refino para cada tipo de papel ya que cada papel requiere un refino adecuado.

Los refinos más conocidos son:

- Refinos cónicos

Refino cónico

- Refinos de discos

Refino de discos

- Al pasar por el refino las fibras se someten a:

- Batido, por el que la fibra absorbe agua y se hidrata.

- Frote, por el que las fibras se deshilachan (fibrilación).

- Corte, por el que las fibras se reducen de tamaño.

Una vez refinada la pasta, se traslada a unas tinas de agitación continua y de ahí se bombea a la tina de mezclas donde se acaba la formulación del papel añadiéndole lo que le falta.

Fibras secundarias (papelote)

- Reciben este nombre las fibras que ya han sido utilizadas para fabricar papel y han salido de la fábrica.

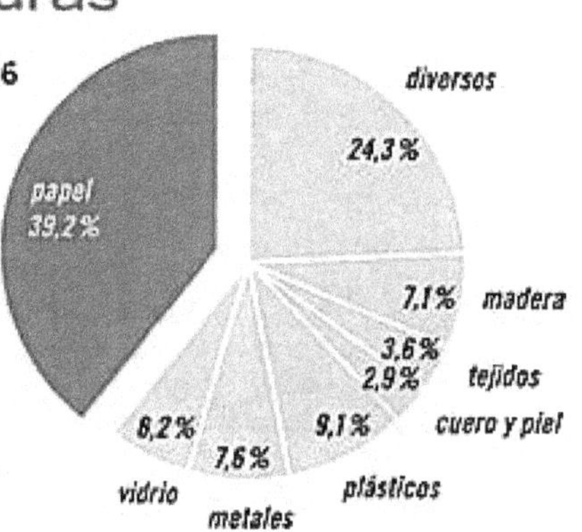

- Esas fibras pueden volverse a utilizar para hacer el papel reciclado.

- Las fibras de papelote pueden mezclarse con fibras primarias, aunque no tienen por qué.

- Los papelotes menos escogidos necesitan ser depurados a fondo, pues suelen traer muchas más "impurezas" que los procedentes, por ejemplo, de oficinas.

- Suele ser necesario el destintado del papel usado. Para ello se suele utilizar agua oxigenada.

- El Pulper es la pieza básica del proceso de reciclado de papel, actuando además de depurador de impurezas, por ejemplo, de los embalajes que acompañan a los fardos de papel reciclado.

Papelote

Estructuración de la hoja

Introducción

- El proceso de formación de la bobina de papel es igual para todos los papeles, aunque la composición y acabado final pueda ser diferente.

Tina de mezclas

- Aquí es donde se termina la formulación del papel:

- Fibras

- Cargas

- Retentivos y floculantes

- Blanqueantes ópticos

- Aditivos según el tipo de papel a fabricar.

- Completada la mezcla, siempre con agitación, la pasta está dispuesta para ser depurada y entrar en máquina.

Depuración

- Con ella se eliminan impurezas según el mayor peso de estas, en los depuradores centrífugos, o según su mayor volumen, en los depuradores probabilísticos.

Caja de entrada

- Elemento imprescindible para formar una hoja ancha y delgada.

- Se puede decir que es la primera parte de la máquina de papel.

- Consta de rodillos en continuo movimiento que evitan el que las fibras sedimenten en el fondo.

-La salida es fundamental para obtener el gramaje adecuado al final. Para ello se regula la cantidad y la densidad de lo que sale.

Mesa de formación (mesa plana)

- La suspensión fibrosa se deposita a través del labio de la caja de entrada, sobre una malla (tela) que va avanzando a lo largo de la mesa.

- Las mallas pueden ser metálicas o plásticas (mejores; pero más caras)

- Para una buena formación de la hoja; la velocidad de la tela está en función de la velocidad de salida de la caja de entrada.

- Debido al movimiento de la malla, en el sentido de la máquina, se colocan las fibras en ese sentido mayoritariamente. Esta característica es importante ya que el papel tendrá distinto comportamiento en un sentido que en otro. Esto es importante al imprimir y en el plegado y encuadernación posterior.

- Las mesas pueden ser convencionales y de doble tela para que la cara tela y la cara superior no tengan tanta diferencia ya que de esta manera se elimina agua por igual en un sentido que en otro.

Máquina de doble tela

Eliminación de agua

- La pasta empieza a perder agua nada más depositarse sobre la tela.

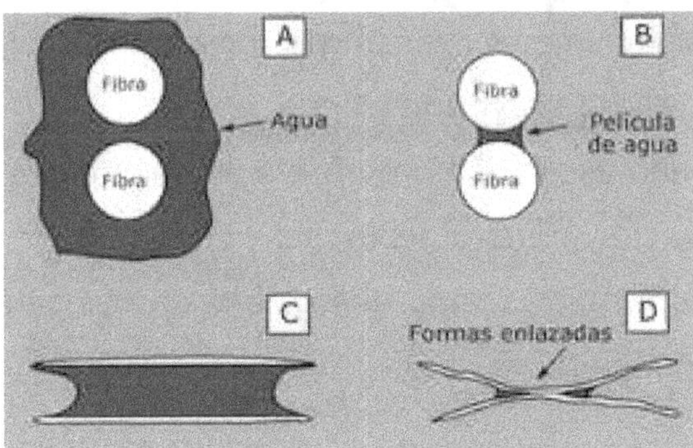

- Al principio, el agua cae por su propio peso; pero después hay que extraerla con métodos de absorción y calor posteriormente.

-Para conseguir el desgote en la tela existen los siguientes elementos:

   - Rodillos desgotadores:

   - Están en contacto con la tela y por "rozamiento", van desgotando.

Rodillos desgotadores.

- Foils:

   - Tienen las mismas misiones que los rodillos desgotadores.

   - No son rodillos sino barras.

   - Ejercen una aspiración progresiva sobre la pasta.

   - Cajas de vacío y cilindro aspirante:

   - Tienen una acción más enérgica y se colocan cuando los foils ya no tienen efecto.

Rodillo mataespumas (Dandy)

- Situado al final de la mesa de formación, ayuda a desgotar y compactar la hoja para conseguir mejor formación y lisura.

- Se puede utilizar para hacer la marca al agua y verjurar.

- Al salir de la caja de cabeza, la suspensión fibrosa es de un 1 % aproximadamente, y al final de la tela llega a un 20 % lo que proporciona al papel la consistencia necesaria para seguir soportado por un fieltro y continuar eliminando agua progresivamente por métodos caloríficos.

Prensas

- Colocadas después de la tela, elimina agua mediante presión y ayudan a consolidar la hoja de papel.

- El prensado se hace con un fieltro intermedio que absorbe humedad.

Sequería

- En esta sección se elimina agua mediante calor al hacer pasar el papel por la superficie caliente de grandes cilindros.

- Suelen constar de dos partes separadas por una máquina que da un tratamiento superficial al papel (size-press).

- En cada sección el papel sigue acompañado de un fieltro del cual se irá despegando conforme se va secando.

- Al acabar la 1ª sequería el papel está seco y dispuesto para recibir un tratamiento superficial.

Size-press

- Es la máquina que aplica una pequeña capa de ligantes a la superficie del papel para mejorar su superficie y hacerle más fuerte frente al tiro de las tintas grasas.

- Existen otras máquinas parecidas con otros nombres, pero con la misma misión y colocadas también entre las dos sequerías.

Lisas

- Compuestas por rodillos metálicos que dan mayor lisura y regulan el espesor de la hoja formada.

- No dan brillo al papel.

- Se puede regular su presión.

Lisa

Lisa

Pope

- Es la bobina "madre" donde se enrolla el papel recién formado.

- El papel formado, puede pasar a la estucadora si se necesita estucar o bien a otras secciones de acabados para cortarlo en bobinas más pequeñas o en pliegos, etc.

Pope

Proceso de estucado

Introducción

- Se trata de dar al papel un recubrimiento superficial que mejore sus características de impresión.

- Ese recubrimiento (salsa en el argot papelero) está formado por pigmentos y otras sustancias que les sirven de vehículo como son almidón, caseínas, alcoholes polivinílicos, etc. También se pueden añadir otros aditivos.

Máquina de estucar

Según el sistema de aplicación de la salsa, las estucadoras se pueden clasificar en:

Estucado de rasqueta (más común)

  - Se aplica con un rodillo y se distribuye sobre la superficie con una regleta metálica (rasqueta)

Estucado de labio soplador

  - Puede aplicar mayor cantidad de estuco.

  - También utiliza un rodillo de aplicación; pero se distribuye mediante aire.

  - Se utiliza para papeles con alto contenido de capa y estucados arte.

Recién estucado el papel, se pasa por una zona de secado para poderlo enrollar después en bobina. En los estucados Alto brillo, no se sigue el mismo sistema ya que se utilizan superficies calientes de cilindros cromados para el secado del estuco, que proporcionan al papel mucho más brillo que los sistemas tradicionales, sin necesidad de pasar por la calandra.

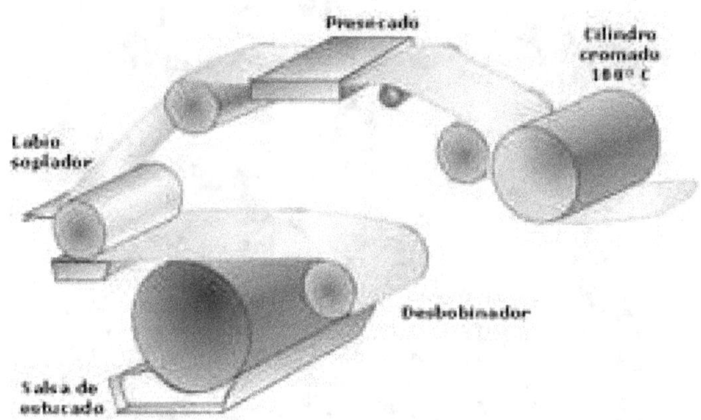

Máquina estucadora que da brillo al papel

Acabados

Rebobinadora

- Rebobina de nuevo el papel para eliminar defectos.

Calandra

- Es el aparato que da brillo al papel.

- Alterna rodillos duros (metálicos) y blandos hechos de fibras de papel o algodón endurecidas que mediante presión provocan frote en el papel produciendo brillo en esa cara.

- Según el número de rodillos utilizados y la capa cantidad de estuco que tenga el papel, así se obtendrá mayor o menor brillo.

Calandra

Cepilladora

- Se usan casi exclusivamente para cartoncillo porque pulen excesivamente la superficie del papel.

- También sirven para dar brillo.

Gofradora

- Son máquinas que utilizando un rodillo duro con un relieve y otro blando de respaldo, graban en el papel distintas formas o relieves, obteniendo texturas distintas.

Bobinadora

Forma bobinas más pequeñas a partir de la bobina "madre" de la máquina de papel.

Cortadora

- Corta la bobina en hojas.

Embalaje

Una vez acabadas las operaciones anteriores, el papel, ya sea bobina o resmas de hojas se embala o retractila para su posterior transporte.

Almacenamiento de bobinas

Tipos de soportes papeleros

Los más utilizados dentro de la industria gráfica y papelería son los siguientes:

- Estucados alto brillo.
- Estucados arte.

- Estucados modernos.

- Estucados ligeros.

- Autocopiativos (papeles químicos).

- Papeles revista.

- Papeles no estucados.

- Papel pergamino.

- Papel verjurado.

- Papeles especiales.

- Cartulinas no estucadas.

- Papeles prensa.

- Papeles Kraft.

- Cartoncillo.

- Papel sintético.

Papeles varios

Estucados alto brillo

- Aplican una capa de estuco de unos 25 g/m^2 de papel.

- El brillo se da por calor en la superficie de un cilindro cromado.

- Para etiquetas y embalajes de alta calidad.

- Suelen estucarse por una cara solamente.

- Existen muchos colores.

Estucados arte

- Se aplica una capa de estuco de entre que puede llegar a 30 g/m^2.

- Los hay brillantes y semimates.

- Suelen ser pasta química.

- Se utilizan para libros de alta calidad y en publicidad, sobre todo.

- Se presentan sobre todo en gramajes altos.

Estucados modernos

- Son los llamados estucados industriales.

- La capa de estuco está entre 15 y 20 g/m^2.

- De pasta química.

- Brillo, semimate y mate.

- Tiene muchas utilidades en la impresión y para envolturas y envases.

Estucados ligeros

- Se les llama así a los estucados dentro de la máquina de papel en la Size-press o similares.

- Brillo o mate.

- Unos 10 g/m^2 de capa de estuco por cara.

- Se utilizan para la edición de libros de texto, folletos, etc.

- gramajes entre 80 y 150 g/m^2.

Autocopiativos (papeles químicos)

- El estuco lo forman microcápsulas que al presionarse se rompen y son capaces de transmitir copia sobre otra hoja receptora.

- Suelen ser 100 % pasta química.

- Son de bajo gramaje (unos 50 g/m^2).

- Tienen poca estabilidad dimensional.

Papeles revista

- Se llaman así a los papeles estucados del interior de las revistas.

- Llevan mezcla de pasta mecánica.

Papeles no estucados

Offset naturales

- Son papeles acabados en Lisas, luego no tienen brillo.

- Pueden ser pasta química o mezcla de química y mecánica y también reciclados.

- Sus gramajes y colores son muy variados.

A su vez entre estos podemos encontrar:

   - Offset volumen.

   - Papel para fotocopias.

   - Papel para cuadernos.

Offset volumen

- Son papeles con pocas cargas para conseguir un espesor mayor.

Papel para fotocopias

- Suelen ser papeles con una humedad relativa inferior para conseguir que no se deformen cuando se calientan al pasar por la máquina de fotocopiar.
- Los formatos normales son din A-3 y din A-4
- Cada vez se van haciendo más de papel reciclado.
- Su gramaje normal es de 80 g/m^2

Papel para cuadernos

- Son papeles no muy encolados para conseguir escribir en ellos sin que se escurra la tinta.

Papel pergamino

Se obtiene sometiendo al papel hecho con algodón o celulosas especiales, a un baño de ácido sulfúrico, adquiriendo así cierta transparencia impermeabilidad y dureza, semejante a los antiguos pergaminos hechos con pieles de animales.

Tipos de soportes papeleros

Papel verjurado

Presenta líneas alternativamente claras y oscuras, que se consiguen con el cilindro mataespumas o Dandy situado al final de la mesa de formación de la máquina de papel.

Papeles especiales

Según sus usos sus componentes varían.

Entre ellos se pueden destacar:

- Papel moneda, Fotográfico, De fumar, Papel engomado, Secante, Metalizados, etc.

Cartulinas no estucadas

- De gramaje a partir de 150 g/m^2.

- Existen muchos tipos diferentes según su acabado final.

- Se usan para tarjetas, carpetas, invitaciones, etc.

Papeles prensa

- Papeles sin estucar utilizados casi exclusivamente para la impresión de periódicos

- Son casi exclusivamente pasta mecánica.

- Una variedad del papel prensa es el satinado, obtenido en la calandra.

- Cada vez más se fabrican a partir de papel reciclado.

Papeles Kraft

- Papel muy resistente, empleado para empaquetar, para sacos de yeso y cemento, etc.

- Se fabrica por el método al sulfato y no se suele blanquear.

Cartoncillo

- Tiene tres capas distintas donde la primera es pasta química y las otras dos son de papel reciclado que se puede dejar sin blanquear.

- Su uso es para embalaje.

Papel sintético

- Son los fabricados con fibras sintéticas de laboratorio.

- Suelen tener varias capas de fibras entrelazadas que después se funden para hacer un papel muy resistente.

- Su uso final suele ser para materiales que tengan que resistir pesos y tratamientos fuertes.

Formatos y nombres comerciales

- Existen una multitud de nombres comerciales que cada fabricante de papel aplica a los papeles que produce. Sin embargo, los papeles básicos son los contemplados en el apartado anterior N° 7.

- En cuanto a los Formatos, los normales son: 50 x 65, 56 x 88, 64 x 88, 65 x 90, 70 x 100 y 77 x 110

Normas

Normas para papel y cartón

En España se utilizan las normas UNE y, entre otras, existen las de la Organización Internacional de Normalización (ISO) que también son muy utilizadas.

Las normas más importantes que rigen para el papel y cartón son:

Ámbito de la norma	UNE	ISO
Gramaje		
Determinación de la humedad	57-014 - 74	536
Espesor y volumen espec.	57005	
Estabilidad dimensional, inmersión en agua	57004	534
Contenido en cenizas	57049	
Lisura	57050	
Rugosidad	57-093-74	
Cenizas	57-080-74	
Absorción de agua Cobb	57050	2144
Resistencia rotura por tracción	57-027- 74	535
Resistencia rotura por tracción en húmedo	57028	1924
Resistencia al estallido	57-030-76	3781
Resistencia al desgarro	57058	2758
Arrancado con ceras	57033	1974
Rigidez Taber	57-088-74	
Lisura Bendtsen	57075	2493
Opacidad	57088	2494
Porosidad Bendtsen	57-063-77	2471
Brillo del papel	57066	5636/3
Blancura	57132	
Tonalidad	57062	2470
pH del papel		
	57031	6588

Esquema-resumen

Recuerda que:

-El papel es un compuesto de fibras de celulosa y otros componentes minoritarios como cargas y pigmentos y aditivos que mejoran sus propiedades de imprimibilidad.

-El papel está muy unido al desarrollo de un país.

-Las cargas se le añaden al papel en masa para mejorar sus propiedades.

-Los pigmentos se añaden en superficie y son el principal componente del estuco.

-El caolín es el pigmento más utilizado.

-Hay dos tipos principales de pasta: mecánica y química.

-La pasta química más utilizada es la del sistema al Sulfato.

-Hay un tipo de refino para cada tipo de papel.

-Las astillas mejoran la eliminación de lignina y favorecen la impregnación de productos químicos en la obtención de la pasta.

-La lignina une fuertemente las fibras al tronco del árbol; pero que para el papelero es un contaminante porque envejece al papel amarilleándolo y es amorfa y no tiene fibras.

-Los árboles resinosos son de fibra larga y los frondosos de fibra corta.

-El pulper es el elemento más importante en las pastas de papel reciclado.

-Que las fibras primarias son las de primera utilización

-Que las fibras secundarias son las que se utilizan para obtener papel reciclado.

-La corteza de un árbol hay que eliminarla porque ensucia las pastas, no tiene carácter fibroso y consume reactivos y energía.

-La hoja de papel se empieza a estructurar en la mesa de formación de la máquina de papel.

-La tina de mezclas es el lugar donde se reúnen todos los componentes que van a formar un tipo de papel.

-Las lisas no dan brillo al papel y están dentro de la máquina de papel.

-La calandra da brillo al papel y está situada fuera de la máquina de papel.

-El rodillo mataespumas se puede utilizar para obtener la marca al agua y verjurar los papeles.

-El proceso de estucado se da fuera de máquina, en la estucadora, y ennoblece al papel para poder imprimir en cualquier sistema.

-Los distintos acabados del papel dan distintos papeles y los hacen más aptos para poderlos imprimir en las distintas máquinas.

-Hay multitud de papeles distintos según se varíe su capa de estuco, su consistencia, sus aditivos, su acabado final, su mezcla de fibras, etc.

-Existen distintos formatos de papel para cada máquina de impresión y muy variadas casas comerciales.

Glosario

Agar-agar: Sustancia gelatinosa conseguida al hervir las algas del mismo nombre que sirvió para unir las fibras papeleras.

Astillado: Proceso de fragmentación de la madera en pequeños trocitos para hacer más sencillo la eliminación de la lignina e impregnación con productos químicos.

Caja de vacío: Es un elemento situado al final de la mesa de formación de la máquina de papel que elimina agua mediante absorción.

Cenizas: Son los restos del papel que quedan al quemarlo y que no constituyen el material fibroso del mismo.

Cilindro aspirante: Es un elemento situado al final de la mesa de formación de la máquina de papel que elimina agua mediante absorción.

Degradadas: Se dice de las fibras que han sufrido un proceso demasiado agresivo para obtenerlas o de aquellas fibras que se han utilizado repetidas veces para formar papeles reciclados.

Desgote: Es el primer proceso por el que atraviesa la pasta papelera en su camino hacia la formación de una bobina de papel seco.

Destintado: Es el proceso por el cual atraviesa un papel impreso para poder formar de nuevo un papel reciclado.

Fibras primarias: Son aquellas fibras que son de primera utilización y se usan para fabricar papel.

Fieltro: Es la superficie absorbente textil que acompaña al papel en su formación desde que sale de la mesa de formación.

Marca de agua: Señal que tiene el papel y que se hace visible al trasluz. Se le suele dar al final de la mesa de formación con un relieve en el cilindro dandy que presiona el papel húmedo.

Papelote: Son todos aquellos papeles que ya han sido utilizados y vuelven a la fábrica de papel para formar parte del papel reciclado.

Pasteado: Proceso de formación de la pasta de papel una vez preparada la madera adecuadamente.

Poder cubriente: Capacidad que tienen algunos componentes del papel para dar mayor opacidad y lisura.

Retractilado: Proceso por el cual un papel o un producto acabado es embalado por una capa de plástico para su protección y transporte.

Salsas: Se le llama así vulgarmente a la mezcla de los distintos componentes que forman el estucado del papel.

Satinado: Es un papel que tiene brillo obtenido en la Calandra. Es una variedad del papel prensa, por ejemplo.

Textura: Es la distinta superficie que puede tener un papel.

Tina de mezclas: Depósito con hélice interior donde se termina de unir todos los componentes que van a formar un papel.

Tratamiento superficial: Son los distintos procesos por los que puede atravesar el papel para mejorar su superficie una vez que se ha fabricado. El más corriente es el estucado.

Verjurado: Es el papel que tiene cierto relieve a modo de malla hecho más visible al mirarlo al trasluz. Se le suele aplicar en el cilindro mataespumas o cilindro dandy.

Evaluación

1. A las fibras que se utilizan por primera vez para fabricar papel se les llama:

- ☐ Secundarias
- ☐ Papelote
- ☐ Celulósicas
- ☐ Primarias

2. Las fibras del papel pueden ser:

- ☐ Madereras
- ☐ No madereras
- ☐ Sintéticas
- ☐ Todas las anteriores son correctas

3. La lignina...

- ☐ Es un componente imprescindible del papel
- ☐ Tiene la misma estructura que la celulosa
- ☐ Es amorfa
- ☐ Da blancura al papel

4. El material no fibroso del papel es:

- ☐ Cargas y pigmentos
- ☐ Celulosa
- ☐ Algodón
- ☐ Ninguna de las anteriores

5. El papel lo inventaron

- ☐ Los árabes
- ☐ Los chinos
- ☐ Los egipcios
- ☐ Los griegos

6. Los dos tipos generales de pasta que existen son:

- ☐ Mecánica y química
- ☐ Al sulfato y al bisulfito
- ☐ De refinos y termomecánica
- ☐ Termoquímica y semiquímica

7. Para cada tipo de papel hay:

- ☐ Un refino distinto
- ☐ Un pulper distinto
- ☐ Una máquina de papel distinta
- ☐ Una Size-press distinta

P8.   Un pigmento muy utilizado para el papel es:

- ☐ Los colorantes
- ☐ El sulfato de cobre
- ☐ Ligantes del estucado
- ☐ Caolín

9. El año 1450 es importante por:

- ☐ Se inventó la máquina de vapor

- ☐ Se inventó el papel
- ☐ Se inventó la imprenta
- ☐ Se inventa la pila holandesa

10. A la pasta al sulfato también se la llama

- ☐ Al bisulfito
- ☐ Semiquímica
- ☐ A la sosa
- ☐ Termoquímica

Bibliografía

- José Manuel Fernández Zapico. El papel y otros soportes de impresión. Fundació Indústries Grafiques.
- Joaquín Navarro Sagristá. Ensayos Físico-Mecánicos del Papel. Ed. Marfil.
- J.A. García Hortal. Constituyentes fibrosos de Pastas y Papeles. E.T.S.I.I. Terrassa (1994).

Control de calidad de soportes papeleros

Propiedades ópticas de los soportes papeleros

Grado de blancura

- Es la reflexión homogénea de luz en los tres componentes básicos medida en coordenadas Lab o en % de blancura en comparación con un blanco patrón.

- Factor importante en el color final de la impresión.

- Este factor se debe tener en cuenta en las fotomecánicas para evitar variaciones de color.

- El control del parámetro se hace mediante el colorímetro o por comparación con MgO, al que se le da un valor de blancura del 100%.

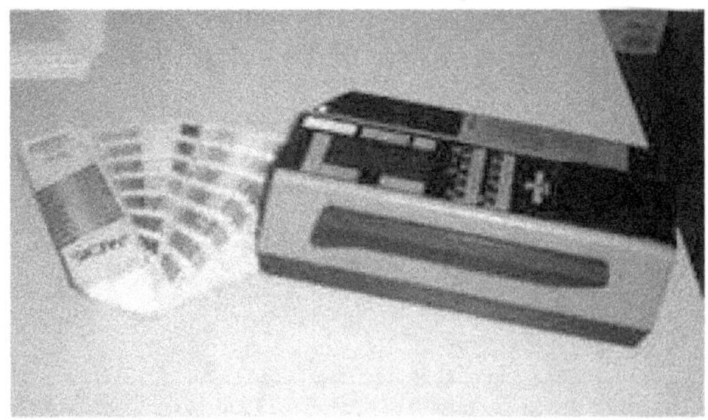

Colorímetro

Color

- Es la tonalidad que presenta un papel blanco o distinto del blanco.

- Se mide con colorímetro en coordenadas Lab.

Opacidad

- Es la luz que atraviesa el papel en comparación con la luz incidente. Este factor es importante para evitar el traspasado y la transparencia.

- A mayor número de cargas y pigmentos en el papel, mayor será la opacidad del mismo.

- Su control se hace con un densitómetro.

> Opacidad = densidad sobre fondo negro /
> densidad sobre varios papeles del mismo tipo X 100

Densitómetro

Brillo

- Es el % de luz reflejada a 45 °, 60° ó 75°.

- Es un factor importante ya que a mayor brillo de papel se puede conseguir mayor brillo de la tinta.

- El brillo se consigue mediante calandrado.

Brillo = Luz emergente / Luz incidente X 100

- El brillo aumenta al aumentar el gramaje. Lo aumentan las cargas, pigmentos y blanqueantes.

- Se mide con brillómetros.

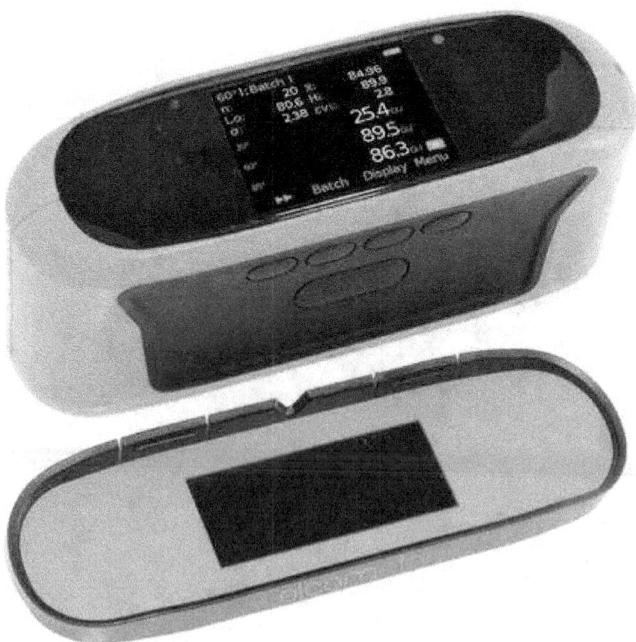

Brillómetro

Propiedades físicas de los soportes papeleros

Gramaje

- Son los gramos por metro cuadrado que pesa el papel. Factor importante para el editor e impresor.

- El ensayo para conocer el gramaje de un papel se hace cortando y pesando muestras de papel.

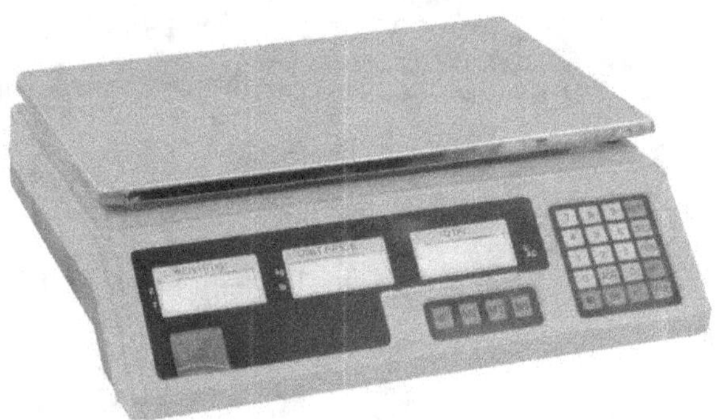

Balanza

Dilatación (estabilidad dimensional)

- Es el aumento del área en % producida por humedad y factores mecánicos.

- Es un factor importante en la impresión por las variaciones que puede sufrir la imagen.

- Es la resistencia que ofrece el papel a deformarse ante las variaciones extremas de humedad.

- A mayor composición fibrosa del papel, mayor inestabilidad.

- El alargamiento no ha de ser superior al 2.5 %.

Humedad

- Absoluta

• Contenido de agua que tiene papel en % en peso.

• Es un factor importante ya que puede originar hinchazones en el papel dando problemas de impresión.

Si cede agua, el papel se abolla.

Si coge agua, se producen ondulaciones.

Si coge agua por una cara, se producen abarquillamientos.

• El grado de absorción depende de la composición y disminuye al aumentar las cargas.

• La humedad absoluta se calcula por pesada desecando el papel a 105°C.

- Relativa

• El papel tiene pérdida o ganancia de agua según el aire que circule.

• Este intercambio se estará produciendo hasta que se igualen las Hr del aire y del papel.

• Se mide con un higrómetro a contrafibra.

• Si las Hr de aire y papel son diferentes pueden darse graves problemas de impresión, como son: abarquillamiento y abollamiento.

• Se define como la relación porcentual entre la cantidad real de vapor de agua existente y una unidad de volumen de aire y la que contendría si estuviese saturado.

Porosidad

- Es el grado de microporos que tiene un papel.

- Este factor es importante para determinar la penetración de la tinta en el papel.

- Su conocimiento es importante ya que permite saber cómo va a ser el secado en ese papel.

- Para la realización de este ensayo se usa una tinta llamada porométrica.

Absorción

- Parámetro importante para papeles en los que el secado va a ser por penetración (rotativas)

- Para determinar la absorción de un papel se usa un ensayo llamado índice de penetración.

Lisura superficial

- Es un factor importante para la impresión en hueco y tipo pues se necesita papel liso y duro.

- La lisura se debe obtener mediante el refino de la pasta y no por calandrados lo que daría superficies de diferente densidad.

- Si se hace un calandrado e imprimo masas se darán zonas con diferentes densidades.

- El lado tela del papel es más rugoso que el fieltro.

-Para calcular la lisura se hace un ensayo llamado Microcontour-test.

- También se puede hacer un ensayo llamado Heliotest, que consiste en añadir una gota de un líquido especial a una moleta e imprimir en un IGT.
- El ensayo se hace en un IGT con ftalato de dibutilo.

$$Ip= 1000 / L \text{ (mm)}$$

- Si L > 15 el papel es muy poco rugoso.

Resistencia a pliegues
- Se refiere a la cantidad de veces que es necesario doblar un papel en ambos sentidos hasta conseguir que este se rompa.
- Es un parámetro importante para aquellos soportes cuyo destino sea ser plegado y desplegado muchas veces como por ejemplo el papel moneda.

Resistencia al arrancado
- Se considera arrancado al producido en un papel cuando este presenta alteraciones por rotura o levantamiento de fibras.

- Se mide con las Ceras Denninson que son barras de cera o lacre cuya composición está estudiada para lograr un gradiente de adherencia sobre el papel.

- Este ensayo no sirve para papeles estucados porque se fundiría el látex del estuco y salen valores muy irregulares.

Planeidad

- El papel ha de ser plano, sobre todo en la impresión en pliegos, para un perfecto funcionamiento de la máquina de imprimir.

- Si hay deficiencias en la planeidad habrá:

  • Problemas de ajuste.

  • Problemas a la entrada del papel.

  • Dobles impresiones y remosqueos.

- El control de este parámetro se hace visualmente.

Grado de encolado

- Es la capacidad de absorción de agua en %

- Factor importante en la impresión offset para hacer al papel lo más resistente posible a la humedad.

- Un grado de encolado demasiado alto puede cerrar el poro del papel dificultando el secado.

- El grado de encolado se puede hacer con un aparato llamado Anillo de Cobb, o por pesada.

Rigidez

- Ensayo más importante para cartoncillo que para papel; pero para papeles delgados y de grandes formatos si es interesante.

- El aparato más característico que mide la rigidez, es el llamado Rigidómetro Taber. El resultado se da en unidades Taber (gxcm).

Espesor

- Es la medida del grosor del papel en micras. Parámetro importante para la máquina de imprimir por ser un factor que influye en la presión.

- A menor % de cargas, mayor espesor a igual gramaje.

- A menor acabado, mayor espesor.

- El espesor de un papel se mide con un palmer o con un micrómetro.

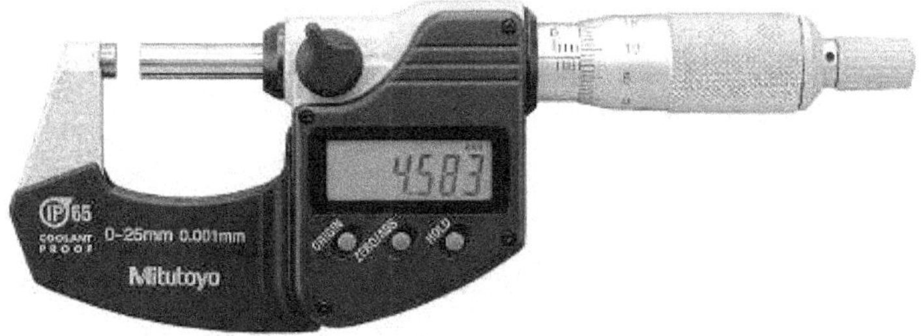

Micrómetro

Doble cara

- Sirve para distinguir la cara tela de la cara fieltro, sobre todo en papeles no estucados donde la diferencia es más acusada.

- Es un parámetro importante porque si se tiene que imprimir sólo por una cara conviene hacerlo por la cara fieltro al ser más lisa y con mayor cantidad de fibras y cargas.

- Se mide visualmente con el ensayo Microcontour test.

Propiedades químicas de los soportes papeleros

pH

- Es el grado de acidez o alcalinidad de un papel.

- Parámetro importante por:

- Un pH ácido:

  Emulsiona la tinta.

  Retrasa el secado.

  Envejece el papel.

  Apaga el color.

- Un pH demasiado alcalino produce engrases.

- El pH del papel también depende del agua de mojado en la impresión Offset.

- Los pH óptimos en general oscilan entre 4,5 y 6,5.

- Se mide con papel tornasol o de pH y con pH metros.

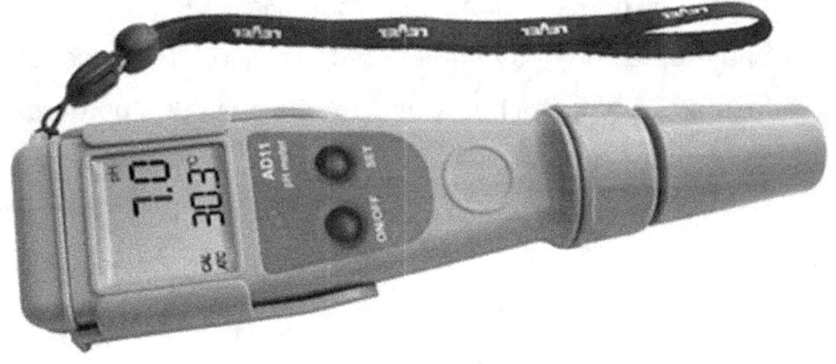

pHmetro

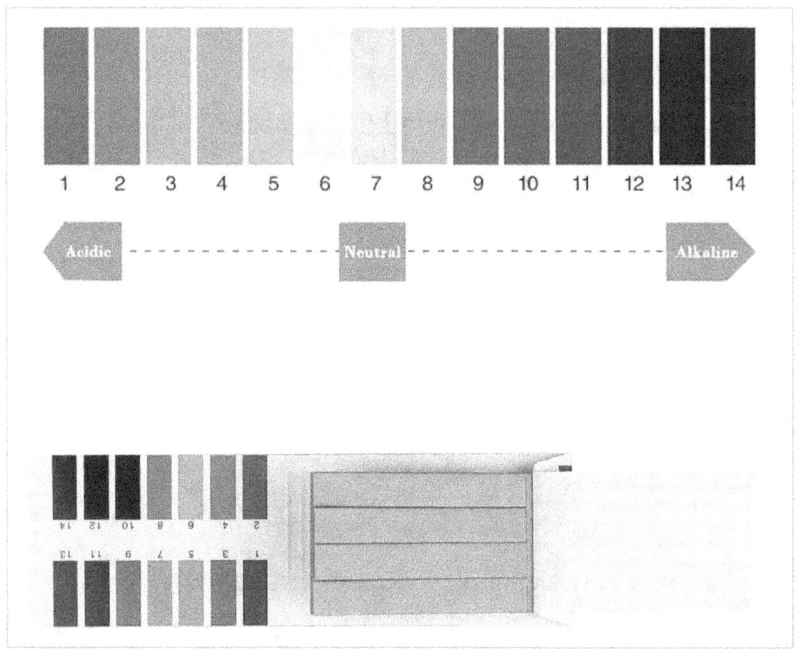

Escala pH y Papel pH

Almacenamiento de los soportes papeleros

- El papel, una vez fabricado, puede ser necesario almacenarlo un tiempo antes de ser embalado o comercializado.

- Es una operación muy importante ya que, si no se tiene cuidado, el trabajo hecho hasta este momento podría perderse.

- Las condiciones de almacenamiento serían:

• Lugares climatizados con una temperatura y humedad idónea.

• Suelos limpios y secos.

• A ser posible embalados y en pallets.

Preparación de soportes papeleros

Es la preparación de los soportes papeleros para dar la inmensa variedad de estos que existen en el mercado, existen toda una serie de aparatos en la industria papelera que empezando por una guillotina y continuando por una rebobinadora, estucadora, calandra, etc., confieren al papel todas las características necesarias para poder utilizar este allí donde se le necesite.

Orden de trabajo para aprovisionamiento de soportes papeleros
- La Orden de trabajo para encargar papel, es muy variada y depende muchas veces de la empresa suministradora del mismo.

- Sin embargo, al encargar papel deben indicarse siempre los siguientes datos:
- El tamaño.
- El peso por resma o por metro cuadrado.
- La cantidad total en resmas o en peso.
- La calidad, adjuntando una muestra o el número del muestrario.
- El grado de encolado. (sin cola, media, doble encolado)
- El grado de alisado o satinado.
- El tipo de empaquetado y cantidad por paquete.
- El tiempo de entrega y forma de pago.

Esquema-resumen

Recuerda que:

- Los papeles tienen propiedades físicas, químicas y ópticas.

- Que se necesitan en ocasiones aparatos de laboratorio sofisticados para poder analizar dichas propiedades.

- Cada una de las propiedades es importante tenerla en cuenta y analizarla para poder obtener papeles de calidad aptos para poder imprimir.

- Que al ser el papel un soporte muy influido por el medioambiente, es necesario tener en cuenta una serie de cuidados de almacenamiento, transporte y utilización que no lo estropeen.

Glosario

Blanco patrón: El blanco estándar utilizado para medir la blancura de los papeles. Suele utilizarse el óxido de magnesio (MgO).

Calandrado: Proceso por el cual a un papel se le da brillo.

Cara tela: Se dice de la cara del papel fabricado que estuvo en contacto con la malla en la mesa de formación de la máquina de papel.

Humedad: Cantidad de vapor de agua que tiene un papel.

Moleta: Disco metálico o de goma que se utiliza para ensayos de laboratorio, unido a un aparato de pruebas llamado IGT.

Problemas de ajuste: Son las dificultades que se pueden tener al imprimir con más de un color porque no encajen bien las tintas en su lugar adecuado.

Saturado: Cuando uno de los componentes de una mezcla no puede ser admitido en ella en más cantidad que la ya existente.

Secado por penetración: Se dice de aquel tipo de secado en el que predomina la absorción dentro de los poros que constituyen el soporte sobre el cual se deposita el compuesto húmedo.

Talato de dibutilo: Compuesto químico que se utiliza como sustituto de la tinta en el ensayo de absorción de papeles.

Traspasado: Defecto producido al atravesar el vehículo de la tinta un papel de parte a parte.

Evaluación

1. El gramaje de un papel es:

☐ El peso de una tira de 10 X 10 cm

☐ El peso de un m2 de papel

☐ El peso de una resma

☐ El peso de una hoja de 70 X100 cm

2. La dilatación de un papel al humedecerse:

☐ Se produce más en su dirección fibra

☐ Se produce en su dirección contrafibra

☐ Se produce por igual a lo ancho que a lo largo del pliego

☐ No se producen dilataciones normalmente

3. La doble cara de un papel se mide con el ensayo:

☐ Porométrico

☐ Microcontour test

☐ De resistencia al arrancado

☐ Absorción

4. En la impresión es conveniente que la dirección de fibra:

☐ Sea perpendicular al eje de los cilindros de impresión

☐ Sea paralela al eje de los cilindros de impresión

☐ No tiene importancia la dirección de fibra

☐ Depende de la composición fibrosa del papel

5. El brillo de un papel viene expresado por:

☐ % de intensidad de luz reflejada al incidir en el papel un haz luminoso de 90°.

☐ % de intensidad de luz transmitida al incidir en el papel un haz luminoso de 60°.

☐ % de intensidad de luz reflejada al incidir un haz de luz de 75, 60 ó 45°.

☐ Cualquiera de las anteriores respuestas es correcto.

6. El ensayo porométrico sobre papeles mide:

☐ La microporosidad de los papeles estucados

☐ La porosidad de los papeles plastificados

☐ La porosidad de cualquier papel

☐ Porosidad y utiliza tinta porométrica

7. Si el papel está al 30 % de humedad relativa y el ambiente al 65 %:

- ☐ Se ondulará
- ☐ Se abollará debido a que se seca
- ☐ No le pasará nada
- ☐ Se arrugará

8. Si el papel está al 50 % de humedad relativa y el taller al 65 %:

- ☐ El papel se seca produciendo abolladuras
- ☐ No le pasa nada
- ☐ Se ondulará por los bordes por hinchamiento de las fibras
- ☐ Si el papel no es estucado no habrá ningún problema

9. La blancura de un papel se mide:

- ☐ Por contraste con la blancura de una sustancia que se toma como patrón.
- ☐ Por comparación con otros papeles que se toman como patrón.
- ☐ Para saber el brillo que tiene dicho papel.
- ☐ Con un aparato llamado blanquímetro.

10. El volumen específico de un papel será:

- ☐ Su densidad
- ☐ Su peso por unidad de volumen
- ☐ Su peso por unidad de superficie

☐ El espesor expresado en micras dividido por el gramaje en g/m^2.

Bibliografía

El papel y otros soportes de impresión. José Manuel Fernández Zapico. Fundació Indústries Grafiques

Ensayos Físico-Mecánicos del Papel. Joaquín Navarro Sagristá. Ed. Marfil.

Constituyentes fibrosos de Pastas y Papeles. J.A. García Hortal. E.T.S.I.I. Terrassa (1994)

Soportes no papeleros

Plásticos

Introducción

Soportes no papeleros son todos aquellos soportes de impresión que no son propiamente papel, aunque en su constitución pudieran tener fibras de procedencia vegetal, por ejemplo, la mayoría de los tejidos de origen natural.

En realidad, cualquier materia que no sea papel se puede considerar soporte no papelero puesto que es posible imprimir sobre prácticamente todos los materiales. No obstante, a efectos prácticos, se tratarán en este módulo solo aquellos que se imprimen de una manera regular –industrial– y que por lo tanto son importantes dentro del planteamiento general del módulo donde se enmarca esta unidad.

Los soportes plásticos son polímeros obtenidos de las más diversas substancias tanto de procedencia natural como de procedencia artificial, la mayoría en la actualidad.

El desarrollo de la química orgánica supuso un importante desarrollo de la industria de los plásticos, existiendo en la actualidad una gran variedad de ellos utilizados en todos los campos imaginables.

Su característica principal es que no son absorbentes puesto que no son porosos como el papel por lo que es muy importante determinar convenientemente las tintas y su fijación.

Diversos plásticos

En el campo de las artes gráficas debemos distinguir dos funciones principales en cuanto a uso:

1. Como soporte de comunicación: la función principal es servir de soporte para dar una información a un público dado. En este caso se considera importante sus capacidades de resistencia ante los agentes químicos, así como sus capacidades de resistencia mecánica. Se emplea por lo tanto en cartelería, paneles de información, señalética, etc.

2. Como envase y embalaje: en este caso su función principal consiste en proteger y/o conservar un artículo dado, principalmente alimentos, aunque no solamente a estos. En este caso se valoran sus cualidades como barrera –de protección– que destacan sobre posibles productos sustitutivos puesto que además son muy importantes otros factores como son el peso y el precio. Independientemente que la función principal sea la mencionada en la mayoría de los casos estos plásticos aparecen impresos cumpliendo así una función informativa que ha ido ganando importancia con el tiempo.

Fabricación

Los plásticos se obtienen mediante procesos de polimerización y extrusión posterior en condiciones controladas.

Para la obtención del plástico se parte de la materia prima que es sometida a acciones mecánicas, presión y calor con lo que se consigue que las moléculas de la materia prima se unan, polimerización, y vayan conformando el plástico.

A continuación, se fuerza a esta masa plástica viscosa a pasar por aberturas con distintas formas –extrusión– que transmitirán al plástico resultante, una vez que enfríe, su forma definitiva la cual puede ser de lo más variada.

En el caso que nos ocupa, esa abertura tiene generalmente forma de lámina por lo que se obtendrá una película flexible o una plancha rígida en función del calibre y de las propiedades físicas y mecánicas del plástico que se está fabricando.

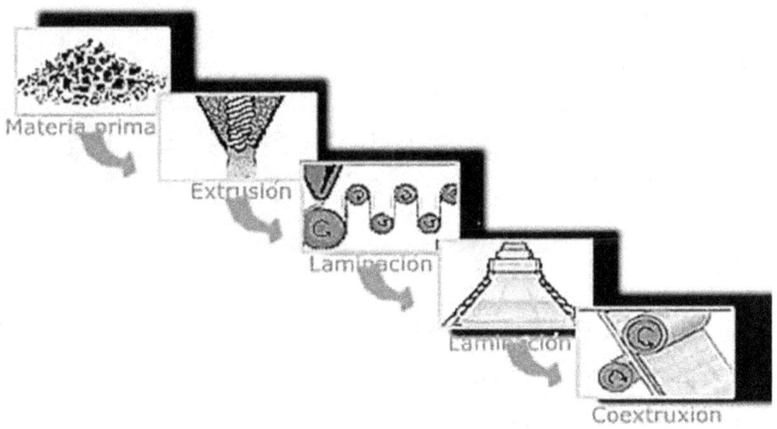

Proceso de fabricación

Películas plásticas flexibles

Se emplean sobre todo en el envase y el embalaje. Sus propiedades barreras, su poco peso, su flexibilidad y en general su bajo precio hacen que sea un material muy adecuado para funciones de protección y transporte de alimentos.

Existen una gran variedad de películas plásticas flexibles y prácticamente todas son imprimibles en la mayoría de los sistemas de impresión, aunque en general hay que someter a los plásticos a tratamientos para aumentar la tensión superficial con el fin de que la tinta fije convenientemente.

Nota: Las siglas al lado de algunos tipos de plásticos sirven para definirle y reconocerle en los procesos de recogida selectiva y reciclado.

Las películas plásticas flexibles principalmente empleadas son las siguientes:

- Celofán
- Poliéster
- Polietileno PE
- Polipropileno PP
- Poliamida PA

Celofán

De cellophane, en sus orígenes una marca comercial obtenida del acrónimo de cellulose diaphane –celulosa diáfana– que define por sí mismo este producto.

Es una película plástica transparente de procedencia natural puesto que se obtiene de la celulosa. Es la primera película plástica utilizada de forma industrial y como protección de alimentos.

Existen diversas variedades en función de los tratamientos a que es sometida para mejorar sus propiedades, aunque en la actualidad se está viendo relegada por películas artificiales con mejores características barrera.

Con los tratamientos de recubrimiento adecuados es perfectamente imprimible en todos los sistemas, aunque se utilizan fundamentalmente el huecograbado y la flexografía.

Celofán impreso

Poliéster

Denominación genérica de toda una familia de plásticos transparentes que se caracterizan por su origen: ésteres polimerizados. Existen diferentes marcas comerciales con diferentes formatos y características. Fundamentalmente las diferencias están en los ésteres de origen, en la conformación de la película, en la orientación de las macromoléculas y en las propiedades finales que tienen.

Con los tratamientos de recubrimiento adecuados los poliésteres son perfectamente imprimibles en todos los sistemas, aunque se utilizan fundamentalmente el huecograbado y la flexografía.

Bolsa de poliéster

Polietileno PE

El polietileno es el resultado de la polimerización del etileno.

Es una de las películas plásticas flexibles más utilizadas. Su sencillez, facilidad de fabricación y sus características y propiedades, así como su posibilidad de recuperación y reutilización hacen de este plástico uno de los principales.

Existen variedades en función de los métodos de fabricación:

– Polietileno de baja densidad   LDPE (4)

– Polietileno de alta densidad   HDPE (2)

– Polietileno lineal de baja densidad   LLDPE

– Polietileno ionómero   IPE

– Coopolímeros de etil-vinil-acetato cEVA

Continuamente están saliendo al mercado nuevas patentes y por lo tanto la lista no pretende ser exhaustiva. Además, los plásticos con patente son conocidos por sus nombres comerciales más que por su composición. En general sus diferencias se hallan en propiedades concretas fundamentalmente de barrera y mecánicas. Con los tratamientos de acondicionamiento adecuados todos son perfectamente imprimibles en todos los sistemas, aunque se imprimen fundamentalmente en huecograbado y flexografía.

Bolsa de polietileno alta densidad (PEAD)

Polipropileno PP

El polipropileno es el resultado de la polimerización del propileno. Es junto con el polietileno una de las películas plásticas flexibles más utilizadas. También es un plástico sencillo en su elaboración, con buenas posibilidades de recuperación, económico y con buenas propiedades mecánicas y de barrera. También existen variedades en función de los métodos de fabricación:

– Polipropileno de baja densidad LDPP

– Polietileno biorientado OPP

También están saliendo al mercado nuevas patentes y por lo tanto la lista no está completa. Además, los plásticos con patente son conocidos por sus nombres comerciales más que por su composición. En general sus diferencias se hallan en propiedades concretas. Con los tratamientos de acondicionamiento adecuados todos son perfectamente imprimibles en todos los sistemas, aunque se utilizan fundamentalmente el huecograbado y flexografía.

Bolsa de polipropileno

Poliamida PA

Denominación genérica de toda una familia de plásticos que se caracterizan por su origen: amidas* polimerizadas.

(Cada uno de los compuestos orgánicos que resultan al sustituir un átomo de hidrógeno del amoniaco o de las aminas por un acilo).

Las principales variedades son:

– Poliamida cast

– Poliamida monoorientada

– Poliamida biorientada

– Poliamida amorfa biorientada

Al igual que sucede con el resto de plásticos continuamente están saliendo al mercado nuevas patentes y por lo tanto la lista no pretende ser exhaustiva. Además, los plásticos con patente son conocidos por sus nombres comerciales más que por su composición. En general sus diferencias se hallan en propiedades concretas. Con los tratamientos de acondicionamiento adecuados todos son perfectamente imprimibles en todos los sistemas, aunque se imprime fundamentalmente en huecograbado y flexografía.

Plásticos rígidos

Estos plásticos se utilizan como sustitución del vidrio o el cristal en ventanas, puertas y similares, como elemento estructural en las más diversas máquinas, como soporte publicitario y como materia prima para realizar envases por termoformado.

Los plásticos principales utilizados en este tipo de aplicaciones son:

- Polietileno y polipropileno

- Tereftalato de polietileno PET

- Cloruro de polivinilo PVC

- Metacrilato

- Policarbonato

- Poliestireno

Polietileno y polipropileno

En sus versiones rígidas. Poseen las mismas características que en su versión flexible en cuanto a sencillez, facilidad de manipulación y posibilidades de reciclado.

Polietileno rígido

Polipropileno rígido

Tereftalato de polietileno PET

Es una película termoformable, constituyente de las botellas de los más diversos líquidos dadas sus especiales característicos. Se caracteriza por su alta resistencia al impacto y sus propiedades barrera.

Tereftalato de polietileno

Cloruro de Polivinilo PVC

También se presenta en estado de película flexible y como fibra de tejidos sintéticos, aunque probablemente sea más conocido por su utilización en construcción y como componente de las modernas ventanas climatizadas. Es habitual su uso en soportes rígidos publicitarios.

En la actualidad está siendo muy cuestionado debido a que en su composición interviene el cloro que una vez liberado cuando se quema puede producir compuestos orgánicos volátiles acusados de ser perjudiciales para la salud y el medio ambiente –atacan la capa de ozono–.

PVC

Metacrilato

Utilización en ventanas. Es habitual su uso en soportes rígidos publicitarios. Procede de la polimerización de acrilatos. Es un soporte sencillo, con buenas propiedades barrera y de transparencia. Fácil de trabajar y con una excelente resistencia al envejecimiento.

Metacrilato rígido

Policarbonato

Utilización en ventanas. Es habitual su uso en soportes rígidos publicitarios. Procede de la polimerización de carbonatos. Al igual que el metacrilato es un soporte sencillo, con buenas propiedades barrera y de transparencia compitiendo directamente con él y el PVC. También es fácil de trabajar y con una excelente resistencia al envejecimiento.

Policarbonato

Poliestireno

También es habitual su uso en soportes rígidos publicitarios, banderolas, banners y en envasado de productos cárnicos en su modalidad expandida. Procede de la polimerización del estireno.

Al igual que el metacrilato y el policarbonato es un soporte sencillo, con buenas propiedades barrera y de transparencia compitiendo directamente con el resto de plásticos rígidos. También es fácil de trabajar y con una excelente resistencia al envejecimiento.

Poliestireno expandido

Metales

Introducción

Se entiende por metal cualquiera de los cuerpos simples, sólidos a la temperatura ordinaria que son conductores del calor y de la electricidad y que en combinación con el oxígeno forman óxidos.

Todos los metales pueden ser impresos –excepto el mercurio, que a temperatura ordinaria es líquido–, teniendo en cuenta el anclaje de las tintas sobre estos peculiares soportes.

Los metales son constituyentes esenciales de multitud de utensilios, objetos de todo tipo, edificios, etc., y como tal pueden aparecer impresos por los más variados motivos: información de las especificaciones del objeto, publicidad, señalética... con los más variados sistemas de impresión.

En este apartado nos centraremos en los metales que se imprimen con regularidad dentro del proceso industrial gráfico y que están relacionados con la industria del envase.

Metales

Aluminio

El metal más utilizado en la industria del envase. Sus especiales característicos, su maleabilidad, relativo bajo precio, resistencia a los agentes químicos, a la luz, a la humedad, a la temperatura, etc., hacen que este metal sea muy adecuado para el envasado de las más diversas substancias.

Casi con toda probabilidad su utilización más conocida sea su utilización en las latas de refrescos.

La técnica de impresión sobre metal se denomina metalgrafía y comprende una serie de procesos que comprenden la impresión con offset, la tipografía indirecta o la flexografía. No existen especiales dificultades para imprimir salvo que se ha de disponer de tintas adaptadas al soporte puesto que éste no es poroso.

Aluminio

Latón

Es una aleación de cobre y de zinc de color amarillento que se ha utilizado mucho en la industria del envase durante mucho tiempo. Ha sido relegado a un plano secundario por la utilización del aluminio y de la hojalata, materiales ambos con mejores características y propiedades.

Sigue utilizándose en determinados campos y su impresión es perfectamente viable con los procedimientos adecuados, metalgrafía.

Latón

Hojalata

Es una aleación de acero o hierro estañada por ambas caras.

Es un material muy utilizado en la industria conservera dadas sus peculiares características que la hacen ideal para este campo. Es un producto rígido, impermeable a la humedad, la luz y otros agentes. Permite la conservación durante largos períodos de tiempo y evita especiales cuidados en su manipulación.

Se consiguen impresiones excelentes con los procedimientos descritos.

Hojalata

Tejidos

Introducción

Producto realizado con muchos hilos trenzados. Los hilos son a su vez productos de fábrica, de forma lineal, delgados, flexibles, de longitud indefinida y de procedencia natural o sintética.

Los tejidos se han venido utilizando desde los orígenes de la humanidad y con fines sociales: ropas, redes, lienzos para pinturas...

Al principio, las materias primas que conforman el tejido son naturales bien sean éstas vegetales, lino, algodón, esparto, cáñamo; o animales –seda, lana.

Actualmente se siguen utilizando materias primas naturales y se han añadido materias primas artificiales –plásticos– para elaborar la enorme oferta de que disponemos.

Todos los tejidos son perfectamente imprimibles en según qué sistemas de impresión. El sistema de impresión más adecuado ha sido y sigue siendo la serigrafía, aunque últimamente le están saliendo competidores importantes, impresión digital con chorro de tinta, métodos de transferencia.

Tejido impreso

Tejidos naturales

Son los elaborados con tejidos cuya materia prima se obtiene de forma natural –hilar el algodón, cardar e hilar la lana. Se siguen utilizando en vestidos y usos similares y están muy considerados.

Los más utilizados son los ya mencionados: lana, alpaca y seda de animales; algodón, lino, esparto, cáñamo, rafia, de vegetales.

Impresión serigráfica sobre tejidos naturales

Se imprimen fundamentalmente en serigrafía, sistema de impresión que permite depositar una gran capa de tinta y se adapta a las posibles irregularidades del soporte, aunque están ganando terreno los métodos de transferencia indirecta (transfer) a partir de impresoras digitales.

Los productos elaborados con estos materiales naturales son variados: vestidos, mantelería, ropa de cama, alfombras, ...

Tejidos sintéticos

Son los elaborados con tejidos cuya materia prima se obtiene de forma artificial –poliéster, polietileno, polipropileno, viscosa. Se utilizan en vestidos y usos similares sustituyendo a los tejidos naturales que en general son más caros.

Los más utilizados son los ya mencionados: poliéster, viscosa, nylon, PVC.

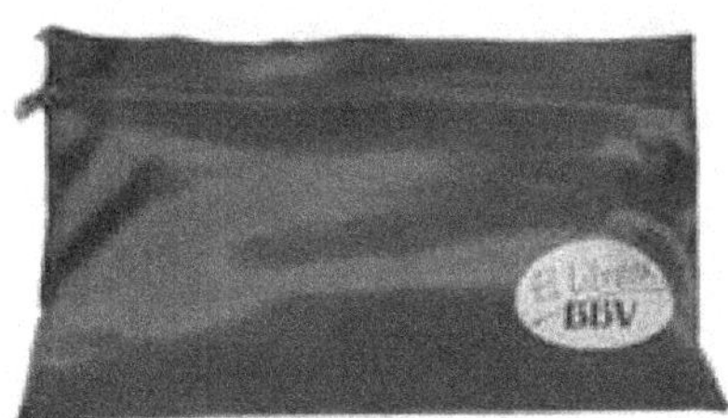

Tejido de nylon

Se imprimen fundamentalmente en serigrafía, sistema de impresión que permite distintas formulaciones de la tinta en función de la composición del soporte, deposita una gran capa de tinta y se adapta a las posibles irregularidades del soporte, aunque en los últimos tiempos se imprimen mucho con chorro de tinta mediante plotter y sistemas dedicados a la gigantografía, sistemas que van en auge.

Muchos son los productos elaborados con estos materiales: todo tipo de vestidos, lienzos y lonas.

Vidrio y cristal

Vidrio

Es una substancia que puede ser transparente o translúcida, dura y frágil, que se obtiene fundiendo una mezcla de sílice con potasa o sosa. Realmente es un líquido que debido a su alta viscosidad es rígido a temperatura ambiente.

Es un material muy apropiado para el envase, estando asociado su uso a envases de prestigio tales como colonias, vinos de calidad, productos de regalo.

Se puede imprimir en varios sistemas fundamentalmente en flexografía, serigrafía y tampografía.

Envase

Cristal

Cuerpo formado por la solidificación de ciertas substancias que han sido fundidas o disueltas y que toma la forma de un sólido geométrico. Utilizados en envase y como elemento estructural de edificaciones y vehículos –ventanas, escaparates, espejos, marquesinas, etc., ambos materiales se pueden imprimir fundamentalmente con serigrafía, flexografía y tampografía. Nuevos desarrollos en la impresión digital permiten imprimirlos con impresoras de chorro de tinta y grabarlos con láser.

En general se caracterizan por su extrema fragilidad salvo aquellos que han sido convenientemente tratados, lo que hace que no sean soportes que se puedan emplear para todo tipo de aplicaciones y se puedan imprimir en todo tipo de sistemas. Dadas las principales aplicaciones de estos soportes las tintas deben ser resistentes a los detergentes –vidrios y cristales se someten frecuentemente a limpieza– y a la abrasión –por el mismo motivo–.

Cristal impreso

Cristal grabado

Soportes compuestos

Introducción

Soportes compuestos son aquellos que se han elaborado con varios soportes simples con el fin de proporcionar al producto la suma de las cualidades de cada uno de ellos. Las combinaciones son variadas: papel con metal, papel con plásticos, plásticos con metal, plásticos con plásticos y papel o cartón con plásticos y con metal.

En general se elaboran para servir como envases de alimentos y la unión entre ellos se realiza bien utilizando adhesivos entre las láminas que conforman el compuesto o mediante la extrusión de los plásticos que intervienen en el producto.

Compuestos metalizados

Son papeles o plásticos a los que se les incorpora una lámina de aluminio para dotar al producto resultante de mayor protección ante la luz fundamentalmente y dotar al producto de un acabado metalizado.

Dos tipos fundamentales de metalizado:

1. Metalizado de lámina. En este caso se pega con adhesivos una lámina de aluminio al soporte receptor papel o plástico. En resultado es un soporte metalizado flexible que puede ser impreso con las debidas precauciones dado que nos encontramos ante un soporte no absorbente por la cara laminada con el aluminio.

2. Metalizado por alto vacío. El proceso consiste en fundir y hacer que evapore aluminio en una cámara donde se ha practicado el vacío sobre el papel o el plástico que hace de soporte. En este caso el depósito de aluminio es menor que en el caso de laminar con el consiguiente ahorro. Por el contrario, la protección que proporciona el compuesto al producto es menor que en el primer caso.

Metalizado en bolsa de alimento

Compuestos con adhesivos

Papeles o plásticos a los que se laminan otros plásticos utilizándose para ellos adhesivos o que se les ha añadido un adhesivo que se preserva mediante una lámina y que permite que una vez retirada la lámina de protección se puedan pegar sobre diversas superficies en función de su preparación, autoadhesivos.

Adhesivo

Compuestos coextrusionados

Plásticos unidos a otros plásticos por el procedimiento de la extrusión para reforzar las propiedades del compuesto.

Los plásticos utilizados corrientemente en estos procesos son los que se han tratado en las películas plásticas flexibles: polietileno, polipropileno, poliéster, PVC.

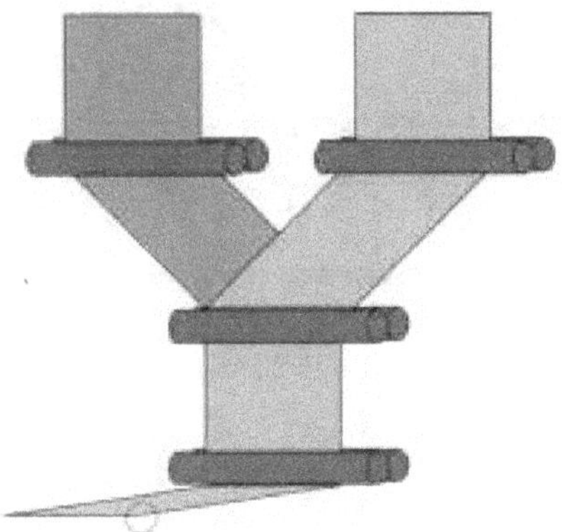

Coextrusión

Compuestos complejos

Combinación de al menos tres de los soportes mencionados: papel o cartón, aluminio y distintos tipos de plástico. Se emplean fundamentalmente en envase y embalaje.

Estos desarrollos los comenzó la empresa sueca Tetra pack en 1951 que tuvo un notable éxito encontrado un sustituto de los envases de vidrio y metal.

Existen distintas combinaciones dependiendo del refuerzo y la protección que se pretenda dar al envase: el polietileno es el material que está en contacto con el líquido, el cartón proporciona rigidez al envase, otras capas de polietileno consiguen una mayor hermeticidad y en los envases asépticos, destinados a una más larga duración, se incluye el aluminio por sus propiedades barrera ante la luz y el oxígeno.

Envase tetrabrik

Esquema-resumen

Recuerda que...

-Los soportes de impresión no papeleros son variados y muy importantes en la sociedad actual.

-Los soportes no papeleros plásticos se elaboran por extrusión.

-Entre los soportes plásticos más importantes encontramos: celofán, poliésteres, polietileno, polipropileno, poliamidas, PVC, policarbonato y metacrilato.

-Con respecto a los metales se destacan el aluminio y los compuestos latón y hojalata.

-El vidrio y el cristal son soportes no papeleros muy valorados como envases en los cuales en ocasiones se realizan bellas impresiones con las más diversas técnicas: tampografía, serigrafía, grabado.

-Los tejidos tanto naturales como sintéticos se imprimen normalmente con una variedad de sistemas entre los que destaca la serigrafía.

-Los materiales compuestos son productos de nuestro tiempo en los cuales se combinan los más diversos materiales –todos los descritos en esta unidad– con el fin de realizar envases con altas propiedades de conservación. Se imprimen con distintos sistemas.

Glosario

Agentes químicos: Substancias que se encuentran en el medio ambiente y que dada su constitución química pueden alterar las propiedades de otras, en nuestro caso los soportes no papeleros o los alimentos que estos contienen. Agentes químicos son los distintos gases producto de la contaminación, la humedad del ambiente.

Aleación: Mezcla de metales obtenida por fusión. Por ejemplo, cobre y cinc. Otra aleación famosa en la historia de las Artes Gráficas es la que utilizó Gutenberg para elaborar sus tipos y que tuvo tanto éxito que permaneció prácticamente inalterable durante siglos: plomo, antimonio y cinc.

Ésteres: Compuestos formados por la substitución del hidrógeno de un ácido por un radical alcohólico.

Etileno: C2H4 Compuesto intermedio de la química orgánica importante para la elaboración de productos plásticos.

Extrusión: Dar forma a una materia mediante procesos de presión y calor. La materia plástica así tratada es forzada a salir por una ranura, agujero, etc., que da forma una vez que la substancia se enfría. Proceso utilizado para la obtención de láminas de plástico, hilos, tubos y en la industria alimentaria, surimi, golosinas, etc.

Gigantografía: Concepto acuñado recientemente que hace referencia a la impresión de cartelería gigante consistente en grandes bandas de varios metros de largo que se unen entre sí conformando una enorme imagen que cuelga de andamios o edificios. Esta técnica publicitaria es posible por la moderna tecnología de impresión digital que permite imprimir bandas de papel, plástico o soportes tejidos con anchos de metros y sin prácticamente límites en cuanto al largo.

Maleabilidad: Cualidad de maleable. La capacidad de un metal de batirse y extenderse en planchas o láminas delgadas.

Polímero: Compuesto químico formado por macromoléculas formadas a partir de moléculas de un compuesto más simple que se han unido entre sí y que dan como resultado una substancia con diferentes características y propiedades que la substancia originaria. Polímeros son la celulosa y la mayoría de los compuestos que conocemos como plásticos.

Resistencia mecánica: Resistencia que ofrece el soporte ante fuerzas que tienden a provocar su deformación.

Señalética: Conjunto de técnicas encaminadas a disponer de la forma más conveniente las señales de uso cotidiano, comprende el estudio del mensaje, su concreción en símbolos, el diseño del producto gráfico y el estudio de los materiales más adecuados.

Sintético: Producido artificialmente, por ejemplo, la mayoría de los soportes plásticos.

Termoformado: Proceso de formación de envases y materiales similares consistente en aplicación de calor y aplicación de este a un molde para que al enfriar adquiera la forma de éste.

Transferencia: Método indirecto de impresión consistente en imprimir sobre un soporte previamente preparado para recibir la tinta y a continuación transferirla sobre el soporte final normalmente mediante la aplicación de calor y presión.

Evaluación

1. Los soportes no papeleros tienen poca importancia puesto que la mayoría de los impresos se realizan sobre papel, por ejemplo, libros, revistas, folletos, calendarios, almanaques, agendas.

☐ Verdadero

☐ Falso

2. Un metalizado de lámina consiste en...

☐ Un metal en forma de lámina que sirve para hacer latas de refresco.

☐ La lámina de aluminio que se incorpora en los envases complejos.

☐ Un soporte compuesto por al menos dos láminas, una de las cuales es de metal.

☐ Una pintura metálica que se da sobre una lámina de plástico.

3. Vinilo es el nombre por el qué comúnmente se conoce al...

☐ Tereftalato de polietileno

☐ Polipropileno

☐ PVC

☐ Metacrilato

4. La extrusión consiste en...

☐ El proceso de fabricación de las láminas de metal

☐　El proceso de fabricación de los tejidos

☐　El proceso de fabricación de los plásticos

☐　El proceso de fabricación de los complejos

5. En los soportes complejos encontramos...

☐　Cartón

☐　Polietileno

☐　Aluminio

☐　Todos los anteriores

6. Los principales metales y aleaciones utilizados como soportes son...

☐　El hierro y el níquel

☐　El latón, el aluminio y la hojalata

☐　Los metales no se emplean como soportes

☐　El plomo, el estaño y el titanio en los relojes

7. ¿Qué es un polímero?

☐　Un tejido

☐　Un metal

☐　Una tinta

☐　Una substancia obtenida a partir de monómeros

☐　Un material complejo

8. El policarbonato...

☐　Es un plástico rígido.

☐ Es un metal compuesto de cobre y cinc.

☐ Es un tejido sintético.

☐ Es un plástico flexible resultado de la polimerización del etileno.

9. El plástico…

☐ Es un soporte compuesto tipo Tetrabrik

☐ Se emplea en las latas de refresco

☐ Es un soporte de procedencia exclusivamente vegetal

☐ Se utiliza tanto como lámina flexible o soporte rígido

10. Dentro de los soportes no papeleros encontramos…

☐ Metales

☐ Cerámica

☐ Cuero

☐ Plásticos

Bibliografía

VIDALES GIOVANETTTI, Mª DOLORES. El mundo del envase. Editorial Gustavo Gili. Barcelona. 1995.

FERNANDEZ ZAPICO, JOSÉ MANUEL. El papel y otros soportes de impresión. Fundació Indústries Gráfiques. Barcelona. 1994.

MARTÍN, EUNICIANO Y L. TAPIZ. Diccionario enciclopédico de las Artes e Industrias Gráficas. Ediciones Don Bosco. Barcelona, 1984.

Control de calidad de soportes no papeleros

Control de calidad de las propiedades fisicoquímicas de los soportes no papeleros

Las propiedades fisicoquímicas son aquellas derivadas de la propia composición del soporte. Los elementos que lo componen y su disposición le prestan unas propiedades que deben ser controladas y tenidas en cuenta en los procesos de impresión y manipulado.

Peso

Se define como la resultante de todas las acciones de la gravedad sobre las moléculas de un cuerpo. El peso es un factor a tener en cuenta en todos los tipos de soportes. Es habitual la expresión gramaje aplicada a los soportes papeleros y no tan común aplicada a los soportes no papeleros salvo plásticos y tejidos. Es importante puesto que tiene relación directa con las propiedades mecánicas y repercute en aspectos tales como los costes por el transporte ya que la mayoría de los soportes no papeleros se utilizan en la industria del envase y el embalaje.

Control

Mediante balanza de precisión. Es aconsejable una precisión de miligramos. Las medidas siempre que sea posible se expresarán en gramos por metro cuadrado.

Procedimiento

1. Se prepara la muestra o muestras a medir: una superficie conocida, por ejemplo 100 cm^2.

2. Se ajusta la balanza a cero.

3. Se procede a pesar la muestra o muestras.

4. Se anotan los resultados y se halla la media si procede.

5. Se extrapolan los resultados para 1 m^2.

Espesor o calibre

Es la medida del grueso de una hoja de soporte. La unidad de medida es la micra, aunque según qué soportes se expresará en milímetros o incluso en centímetros. Es propiedad importante puesto que al igual que el peso repercute en otras propiedades y en el comportamiento del soporte. En los soportes plásticos afecta a la flexibilidad y la permeabilidad. En los soportes metálicos afecta a la flexibilidad fundamentalmente y repercute en el peso. En el vidrio y cristal el espesor repercute en el peso y en su resistencia a la rotura.

Control

Mediante micrómetro o calibre.

Procedimiento

1. Se prepara la muestra o muestras a medir: vale una pequeña superficie –1 cm^2–.

2. Se ajusta el micrómetro o calibre.

3. Se procede medir.

4. Se anotan los resultados.

Volumen específico

Relación entre el espesor y el peso del soporte. Se mide en cm3/gr. En muchos soportes es importante esta relación puesto que a veces la compra se basa en el peso y dado que algunos soportes manifiestan iguales características la disminución del peso es relevante y se manifiesta mediante el volumen específico. Su inverso es la densidad aparente, que se mide por lo tanto en gr/cm^3.

Control

Resultado de la división entre el espesor y el gramaje en las unidades correspondientes.

Procedimiento

1. Se obtiene el peso del soporte.
2. Se obtiene el espesor del soporte.
3. Se realiza la operación espesor / peso.
4. Se anotan los resultados.

$$\text{Volumen específico } (cm^3/gr) = \frac{\text{Espesor } (\mu)}{\text{Gramaje } (gr/m^2)}$$

Lisura

Ausencia de rugosidad superficial en el soporte. La lisura depende del tipo de material y de las operaciones de acabado.

En general es una propiedad perseguida puesto que repercute positivamente en la calidad de impresión, aunque puede ser necesario en ciertas ocasiones provocar irregularidades en la superficie con el fin de que la tinta se fije mejor en el soporte.

Métodos subjetivos

– Táctil, que se manifiesta en una determinada suavidad.

– Visual, por contraste ante una fuente de luz rasante.

Métodos objetivos

– Lisómetros de flujo de aire. Destinados a medir la lisura en soportes papeleros en ciertos casos pueden aplicarse a los soportes no papeleros. Todos estos aparatos se basan en la aplicación de una corriente de aire entre el soporte y una superficie perfectamente lisa midiendo cuanto aire pasa en una unidad de tiempo dado.

– Tintas de control de lisura. También para soportes papeleros, son tintas de pigmento grueso que muestra el grado de lisura de un soporte en función de la cantidad de tinta que permanezca en dicho soporte.

Procedimiento

Dada la complejidad de los aparatos implicados el alumno procederá a controlar la lisura de los soportes no papeleros de una manera táctil y visual en su propia casa y con tintas de control de la lisura en el centro de enseñanza mediante las actividades presenciales.

1. Se dispone de la muestra pequeña de 5 x 5 cm.

2. Se comprueba con el tacto en grado de suavidad.

3. Se comprueba visualmente mediante una luz rasante y opcionalmente cuentahílos.

4. Se fija la muestra en una superficie lisa mediante cinta adhesiva por sus cuatro lados.

5. Se aplica la tinta con un rodillo a la muestra fijada.

6. Se retira con un algodón o trapo limpiando con suavidad hasta que no se desprenda más tinta.

7. Se comprueba la coloración: a menor coloración, mayor lisura.

Control de calidad de las propiedades ópticas de los soportes no papeleros

Las propiedades ópticas son aquellas derivadas de la interactuación de la luz con el soporte. Depende de la constitución del soporte tanto a nivel superficial como estructural.

Blancura

Consiste en la reflexión homogénea de los componentes primarios de la luz blanca. Es una propiedad importante cuando lo que se pretende es conseguir una impresión en cuatricromía en condiciones. Los soportes no papeleros son muy variados y su función también. Todos en alguna ocasión se imprimen en cuatricromía y aunque algunos no presentan esta propiedad por si mismos –metales, algunos plásticos– pueden ser tratados para que tengan una base blanca mediante estucado o una impresión de base blanca opaca.

Métodos subjetivos

- Visual por comparación con un blanco patrón.

Métodos objetivos

- Densitométrico: Con un densitómetro, los valores deberán estar lo más próximos a cero y lo más equilibrados posible.
- Colorimétrico: Con un colorímetro o espectrofotómetro. Los valores deberán estar equilibrados y con un alto valor de luminosidad –L 100, a 0, b 0–.

Procedimiento

Dada la complejidad de los aparatos implicados el alumno procederá a controlar la blancura de los soportes no papeleros de una manera visual en su propia casa y con densitómetros y colorímetros o espectrodensitómetros en el centro de enseñanza mediante las actividades presenciales.

1. Se prepara la muestra o muestras a controlar.

2. Se observa su blancura y se compara con un blanco estándar.

3. Se mide con un densitómetro convenientemente calibrado.

4. Se anotan los resultados y se extraen conclusiones.

5. Se mide con un colorímetro o espectrofotómetro convenientemente calibrado.

6. Se anotan los resultados y se extraen conclusiones.

Opacidad/Transparencia

Es la capacidad del soporte de ser retener o no los rayos de luz que inciden sobre él.

Es propiedad importante y deseada según cual sea la función del producto: los soportes metálicos, los tejidos y algunos soportes compuestos dada su estructura física son opacos o tienen un gran grado de opacidad, los soportes plásticos, el vidrio y cristal y algunos soportes compuestos en general son transparentes o translucidos por lo que si se pretende que sean opacos deben ser tratados convenientemente.

Dado que estos soportes se emplean en gran medida en el envase y el embalaje es una propiedad a controlar ya que algunos productos deben ser protegidos contra la luz. Así los compuestos metalizados aprovechan la opacidad del aluminio y ciertos vidrios destinados al envase de productos alimenticios tienen que pigmentados para dotarles del grado de opacidad requerido.

Al contrario, al envasar ciertos productos lo que se pretende es que estos sean lo más visibles que sea posible, pero preservándolos de agresiones externas por lo que se utilizarán soportes transparentes tales como plásticos simples o compuestos, vidrio o cristal.

Métodos subjetivos

- Visual al trasluz y contra un fondo con imagen.

Métodos objetivos

- Medición de la opacidad con densitómetro –si el soporte lo admite–.

Procedimiento

Dada la complejidad de los aparatos implicados el alumno procederá a controlar la lisura de los soportes no papeleros de una manera táctil y visual en su propia casa y con tintas de control de la lisura en el centro de enseñanza mediante las actividades presenciales.

Método visual

1. Se toma la muestra del material.

2. Se interpone entre una fuente de luz y el observador.

3. Se comprueba el grado de opacidad por la luz en función de la luz que atraviesa el soporte.

4. Se pone la muestra sobre un impreso.

5. Se observa si el impreso de fondo es visible y en qué grado.

Método densitométrico

1. Se toma la muestra y se pone sobre un fondo blanco estándar.

2. Se toma la medición y se anota el resultado de la densidad del negro –sin filtro o densidad visual–.

3. Se pone la muestra sobre un fondo negro estándar.

4. Se toma la medición y se anota el resultado de la densidad del negro –sin filtro o densidad visual–.

5. Se dividen los resultados obtenidos. Dv fondo blanco/ Dv fondo negro.

6. Se multiplica por 100 obteniendo el porcentaje de opacidad.

Brillo

Reflexión especular de parte de los rayos de luz que inciden sobre un soporte. La propiedad se manifiesta cuando se observa el soporte en unos ángulos determinados.

Es propiedad que afecta a la visión de la impresión realizada sobre el soporte. En general realza el impreso, aunque puede afectar, si el brillo es elevado, a su visualización correcta e incluso molestar y afectar a la vista del observador.

Control

Métodos subjetivos

- Visual ante una fuente de luz puntual.

Métodos objetivos

- Mediante aparatos especializados –brillómetros–.

Procedimiento

Dada la complejidad de los aparatos implicados el alumno procederá a controlar la lisura de los soportes no papeleros de una manera táctil y visual en su propia casa y con tintas de control de la lisura en el centro de enseñanza mediante las actividades presenciales.

Método visual

1. Se toma la muestra del material.

2. Se pone sobre una superficie plana.

3. Se dispone una fuente de luz puntual –foco– sobre la muestra en un ángulo determinado.

4. El observador se pone enfrente justo en el ángulo contrario.

5. Se observa el brillo repitiendo la operación en otros ángulos.

Medición con el brillómetro

1. Se toma la muestra.

2. Se dispone del aparato de medición ajustando a cero si es necesario.

3. Se toma la medición y se anota el resultado.

4. Se extraen las conclusiones pertinentes.

Color

Reflexión no homogénea de los componentes de los rayos de luz que inciden sobre el soporte.

Depende de la absorción de determinadas longitudes de onda del espectro visible por parte de los pigmentos o colorantes que están incorporados en el soporte.

Todos los soportes no papeleros se pueden colorear bien en masa –estructuralmente– y bien en superficie con los tratamientos adecuados.

Métodos subjetivos

– Visual por contraste ante una fuente de luz blanca estándar.

Métodos objetivos

– Colorimétrico: Mediante la utilización de un colorímetro o espectrofotómetro. Se obtendrán valores colorimétricos estándar en cualquiera de los espacios de color al uso.

Procedimiento

Dada la complejidad de los aparatos implicados el alumno procederá a controlar la lisura de los soportes no papeleros de una manera táctil y visual en su propia casa y con tintas de control de la lisura en el centro de enseñanza mediante las actividades presenciales

Método visual

1. Se dispone de una fuente de luz estándar –lo más blanca posible–.

2. Se coloca la muestra sobe un fondo neutro –gris–.

3. Se observa el color y se anotan los resultados.

Métodos objetivos

1. Se dispone del aparato de medida convenientemente calibrado.

2. Se dispone la muestra sobre una superficie adecuada.

3. Se procede a tomar la medida en el espacio de color seleccionado.

Control de calidad de las propiedades mecánicas de los soportes no papeleros

Las propiedades mecánicas son aquellas que afectan al comportamiento del soporte en la máquina de imprimir –maquinabilidad– y su comportamiento posterior. Están relacionadas directamente con algunas de las propiedades fisicoquímicas.

Rigidez/Flexibilidad

Capacidad de resistir o no a los esfuerzos de flexión. Es una propiedad a tener en cuenta en la impresión puesto que determinados sistemas de impresión no admiten soportes rígidos –huecograbado– y otros pueden tener dificultades para imprimir sobre soportes muy flexibles –offset–

El uso del producto final determina en la mayoría de los casos la elección del soporte y su grado de rigidez o flexibilidad:

– Soportes plásticos flexibles: envase y embalaje.

– Soportes plásticos rígidos: ciertos envases y soportes publicitarios.

– Soportes metálicos flexibles: latas de refrescos y similares.

– Soportes metálicos rígidos: latas de galletas, bombones, bebidas alcohólicas y similares.

– Soportes tejidos flexibles: prendas de vestir en general.

– Soportes tejidos rígidos: lonas publicitarias.

– Vidrio y cristal: solo rígidos.

– Soportes compuestos flexibles: envase y embalaje.

– Soportes compuestos rígidos: ciertos envases –complejos– y soportes publicitarios.

Control

Métodos subjetivos

- Determinar la capacidad de flexión realizándolo manualmente.

Métodos objetivos

- Rigidómetros: Aparatos de control de la rigidez.

Procedimiento

Dada la complejidad de los aparatos implicados el alumno procederá a controlar la flexibilidad de los soportes no papeleros de manualmente en su propia casa y con rigidómetros en el centro de enseñanza mediante las actividades presenciales

Método subjetivo

1. Se prepara la muestra o muestras a controlar.

2. Se aplica una torsión a la muestra empleando guantes de trabajo para ello –algunos soportes pueden resultar cortantes–.

3. Se observa su recuperación al finalizar la torsión.

4. Se anotan los resultados y se extraen conclusiones.

Método objetivo

1. Se mide con un rigidómetro –existen varios modelos– siguiendo sus instrucciones.

2. Se anotan los resultados en función de la unidad de medida del rigidómetro y se extraen conclusiones.

Resistencia a la tracción

Es la capacidad del soporte de resistir fuerzas de tracción longitudinal de sentido opuesto.

Es propiedad importante para aquellos soportes que se imprimen en rotativas y que por lo tanto deben resistir las tracciones a que se ven sometidos en su paso por máquina, tales como las películas flexibles.

Dado que las aplicaciones de determinados soportes necesitan poseer una cierta resistencia a fuerzas tendentes a su rotura, bolsas, envases flexibles, también es una propiedad que se debe tener en cuenta en el producto terminado.

Control

Métodos subjetivos

- Someter el soporte a controlar a una tracción manual ejercitada por el propio observador.

Métodos objetivos

- Medición con dinamómetro sometiendo la muestra a un determinado esfuerzo de tracción.

Procedimiento

Dada la complejidad de los aparatos implicados el alumno procederá a controlar esta propiedad de los soportes no papeleros manualmente en su propia casa y con los aparatos de medida adecuados en el centro de enseñanza mediante las actividades presenciales

Método subjetivo

1. Se toma la muestra del material manejable.

2. Se somete a tracción comprobando si se rompe con el esfuerzo.

3. Se anotan los resultados –se debe tener en cuenta en caso de que haya habido alargamiento sin rotura–.

Método objetivo

1. Se toma una muestra adecuada.

2. Se procede a someter a esa muestra a esfuerzos de tracción incrementales en un dinamómetro.

3. Se anotan los resultados de cada medida.

Resistencia al desgarro

Resistencia que ofrece el soporte a rasgarse cuando es sometido a dos fuerzas que actúan paralelas y en sentido contrario en uno de sus bordes. También es propiedad importante para aquellos soportes que se imprimen en rotativas y que por lo tanto deben resistir tensiones en su paso por máquina, tensiones que pueden producir desgarros, tales como las películas flexibles. Dado que las aplicaciones de determinados soportes necesitan poseer una cierta resistencia a fuerzas tendentes a su desgarro –bolsas, envases flexibles–

también es una propiedad que se debe tener en cuenta en el producto terminado.

Control

Métodos subjetivos

- Someter el soporte a controlar a un intento de desgarro manual ejercitado por el propio observador.

Métodos objetivos

- Medición con un medidor del desgarro sometiendo la muestra a un determinado esfuerzo en condiciones controladas.

Procedimiento

Dada la complejidad de los aparatos implicados el alumno procederá a controlar esta propiedad de los soportes no papeleros de una manera táctil en su propia casa y con los aparatos de medida adecuados en el centro de enseñanza mediante las actividades presenciales

Método subjetivo

1. Se toma la muestra del material manejable.

2. Se intenta desgarrar comprobando si se rasga con el esfuerzo – importante utilizar guantes de trabajo–.

3. Se anotan los resultados –se debe tener en cuenta en caso de que haya habido deformación sin desgarro–.

Método objetivo

1. Se toma una muestra adecuada.

2. Se procede a someter a esa muestra a esfuerzos de desgarro incrementales en un medidor del desgarro.

3. Se anotan los resultados de cada medida.

Resistencia al estallido

Resistencia que ofrece el soporte a romperse cuando es sometido a una fuerza que actúa sobre él, perpendicular a su superficie cuando éste se halla sujeto.

Dado que las aplicaciones de determinados soportes necesitan poseer una cierta resistencia ante fuerzas que actúan perpendicularmente a su superficie –bolsas, envases flexibles– es una propiedad importante que se debe tener muy en cuenta en ciertos productos terminados.

Control

Métodos subjetivos

- Someter el soporte a controlar a un intento de estallido manual ejercitada por el propio observador.

Métodos objetivos

- Medición con un medidor del estallido sometiendo la muestra a un determinado esfuerzo en condiciones controladas.

Procedimiento

Dada la complejidad de los aparatos implicados el alumno procederá a controlar esta propiedad de los soportes no papeleros de una manera táctil en su propia casa y con los aparatos de medida adecuados en el centro de enseñanza mediante las actividades presenciales.

Método subjetivo

1. Se toma la muestra del material manejable.

2. Se elabora una especie de "pandereta" sujetando el soporte a controlar a un bastidor.

3. Se le aplica una presión perpendicular observando el comportamiento del soporte.

Método objetivo

1. Se toma una muestra adecuada.

2. Se procede a someter a esa muestra a esfuerzos de estallido en un medidor del estallido.

3. Se anotan los resultados de cada medida.

Resistencia al impacto

Resistencia que ofrece un soporte rígido a romperse cuando es sometido a una fuerza que actúa sobre él, perpendicular a su superficie cuando éste se halla sujeto.

En la mayoría de las aplicaciones de los soportes no papeleros rígidos, estos necesitan poseer cierta resistencia en mayor o menor grado ante fuerzas que actúan sobre su superficie tendentes a romperles, es, por lo tanto, una propiedad importante que se debe tener muy en cuenta en ciertos productos terminados.

Control

Métodos subjetivos

- Someter el soporte a controlar a un intento de rotura manual ejercitada por el propio observador en las debidas condiciones de seguridad – pueden saltar astillas–.

Métodos objetivos

- Medición con un medidor de la rotura sometiendo la muestra a unos distintos impactos en condiciones controladas.

Procedimiento

Dada la complejidad de los aparatos implicados el alumno procederá a controlar esta propiedad de los soportes no papeleros de una manera táctil en su propia casa y con los aparatos de medida adecuados en el centro de enseñanza mediante las actividades presenciales.

Método subjetivo

1. Se toma la muestra del material manejable.

2. Se sujeta convenientemente ese soporte.

3. Se le aplica un golpe perpendicular con un instrumento contundente –un martillo y similar– observando el comportamiento del soporte.

Método objetivo

1. Se toma una muestra adecuada.

2. Se procede a someter a esa muestra a diferentes impactos en condiciones controladas.

3. Se anotan los resultados de cada medida.

Fuerza de adhesión de los adhesivos utilizados en los soportes compuestos

Resistencia que ofrece el adhesivo de la muestra a ser separado de una superficie de control sobre el que ha sido aplicado al ejercer una fuerza de separación en un momento determinado, con una velocidad y un ángulo fijado –180 o 90°–.

El adhesivo debe fijar adecuadamente y con fuerza las distintas láminas de que se compone el soporte compuesto, sin permitir una fácil separación de los componentes excepto si se trata de autoadhesivos en los cuales el adhesivo deberá fijarse lo suficiente al sustrato siliconado que sirve de base, pero permitiendo el fácil despegue de la lámina principal cuando se necesite y fijándose perfectamente sobre la superficie a que se destine.

Control

Métodos subjetivos

- Someter al soporte compuesto a controlar a un intento de separación manual de los sustratos unidos por adhesivo por parte del propio observador.

Métodos objetivos

- Medición con dinamómetro en condiciones controladas.

Procedimiento

Dada la complejidad de los aparatos implicados el alumno procederá a controlar esta propiedad de los soportes no papeleros de una manera táctil en su propia casa y con los aparatos de medida adecuados en el centro de enseñanza mediante las actividades presenciales

Método subjetivo

1. Se toma la muestra del material compuesto a evaluar.

2. Se separan cuidadosamente las capas de que consta por un borde –con un cúter o herramienta similar–.

3. Se sujeta firmemente cada una de las láminas de que consta y se intenta separarlas tirando.

4. Se observa el resultado y se anota convenientemente.

Método objetivo

1. Se toma una muestra adecuada.

2. Se procede a realizar la medición siguiendo las instrucciones de trabajo.

3. Se anotan los resultados de cada medida.

Tack de los adhesivos utilizados en los soportes autoadhesivos de pegado automatizado

Resistencia que ofrecen ciertos adhesivos a separarse de la superficie sobre la que han sido aplicados mediante medios mecánicos, de forma rápida y sin presión.

Son adhesivos de soportes autoadhesivos empleados en la industria del envase y el embalaje los cuales, normalmente tras ser impresos, se deben aplicar por medios mecánicos a la superficie definitiva –normalmente un envase–.

Es sumamente importante controlar esta variable puesto que un mal adhesivo causaría problemas en la cadena de producción con las consiguientes pérdidas.

Control

Métodos subjetivos

- Someter al soporte a controlar a un intento de separación manual de las superficies unidas por adhesivo por parte del propio observador.

Métodos objetivos

- Medición con dinamómetro en condiciones controladas.
- Medición por el método de la bola rodante.

Procedimiento

Dada la complejidad de los aparatos implicados el alumno procederá a controlar esta propiedad de los soportes no papeleros de una manera táctil en su propia casa y con los aparatos de medida adecuados en el centro de enseñanza mediante las actividades presenciales.

Método subjetivo

1. Se toma la muestra del material compuesto a evaluar.

2. Se separan cuidadosamente un borde de la lámina de la superficie sobre la que se halla –con una uña, un cúter o herramienta similar–.

3. Se coge la lámina y se intenta separarla tirando.

4. Se observa el resultado y se anota convenientemente.

Métodos objetivos

1. Dinamómetro

– Se toma una lámina con el adhesivo a controlar.

– Se unen ambos extremos de la lámina y se sujetan al dinamómetro con el adhesivo hacia fuera.

– Se le aplica sobre una superficie similar o igual a la que se va a aplicar.

– Se tira a continuación evaluando la fuerza necesaria a ejercer para provocar el despegue.

2. Método de la bola rodante

– Se toma una lámina con el adhesivo a controlar.

– Se coloca frente a una rampa ranurada que va a servir de guía a la bola.

– Se suelta la bola que rodará más o menos por el adhesivo en función de su tack.

Esquema-resumen

Recuerda que...

El peso del soporte no papelero es una importante propiedad fisicoquímica que afecta en buena medida al resto de propiedades. Lo podemos controlar con una sencilla balanza de precisión.

El espesor es una propiedad fisicoquímica correspondiente al grueso del material. Se debe relacionar con el peso para determinar el volumen específico. Es muy importante tenerle en cuenta en relación con la maquinabilidad, es decir el paso del soporte por la máquina de impresión.

El volumen específico es la propiedad que relaciona el peso con el espesor. En muchos casos se precisa un material con poco peso pero que tenga un buen espesor sobre todo en el sector del envase y el embalaje donde se quiere evitar peso para evitar en la medida de lo posible los costes asociados al material.

La lisura es una propiedad que afecta a la impresión. En general es una propiedad deseada si lo que se pretende es obtener sobre el soporte no papelero una impresión de calidad.

La blancura al igual que la anterior es una propiedad que afecta a la impresión, sobre todo si es impresión multicolor. En general evita desviación del tono requerido, contribuye a que el impreso tenga una buena luminosidad y los colores dispongan de una buena saturación.

La opacidad es una propiedad que interesa en soportes que deben mostrar una buena imagen y cuando el soporte es material de envase, proteger el contenido de la acción negativa de la luz. La transparencia, propiedad contraria, es deseable cuando se pretende que se vea el producto que el soporte no papelero envuelve como técnica de venta.

El brillo es una propiedad óptica de interés en ciertos impresos puesto que los realza, aunque no es del gusto de todos y si el brillo es excesivo puede ser molesto e incluso dañino para el observador.

El color consiste en la ausencia de blancura. El color se obtiene añadiendo pigmentos o colorantes durante el proceso de fabricación del soporte. Es habitual en el mundo que nos movemos ver color en todas partes y en todos los materiales.

La rigidez es una propiedad que afecta al comportamiento del soporte. En su paso por máquina y en su aplicación posterior la rigidez o flexibilidad del soporte deben ser tenidas en cuenta para sacar a éste su máximo partido.

La resistencia a la tracción es de extrema importancia en aquellos soportes que van a ser sometidos a fuerzas de tracción como aquellos que van a imprimirse en rotativas y a aquellos que van a ser destinados a bolsas y material de embalaje.

La resistencia al desgarro es una propiedad que al igual que la anterior importa en aquellos soportes que van a tener que soportar fuerzas que tiendan a su rotura, fundamentalmente en el envase y el embalaje, pero también importante en relación con los tejidos.

La resistencia al estallido es una resistencia mecánica importante en los materiales plásticos y soportes compuestos sometidos a presión por parte de los productos que contienen.

La fuerza de adhesión de los adhesivos utilizados en los soportes compuestos se debe determinar para evitar que se desprendan las distintas capas de que se compone el material y por lo tanto se produzcan roturas.

El tack de los adhesivos utilizados en los soportes autoadhesivos de pegado automatizado afecta a los procesos de producción donde se pega automáticamente una pegatina en un envase u otra superficie: No debe dar problemas puesto que un fallo en esta propiedad pararía todo el proceso productivo.

Glosario

Blanco patrón: El blanco estándar utilizado para medir la blancura de los papeles. Suele utilizarse el óxido de magnesio (MgO).

Colorantes o pigmentos: Substancias que proporcionan color puesto que tienen la capacidad de absorber selectivamente parte de las radiaciones luminosas que recibe.

Componentes primarios de la luz blanca: La luz blanca está compuesta por luces coloreadas rojas, verdes y azules. Su suma homogénea da como resultado la luz blanca.

Espectro visible: Conjunto de ondas de la radiación electromagnética que son visibles por el ojo humano, comprende las radiaciones con una longitud de onda entre los 380 y los 780 nanómetros.

Especular: De especulo, espejo. Es una característica de determinados soportes los cuales a nivel superficial son tan lisos que actúan como si fueran un espejo al reflejar los rayos de luz.

Formato laminar: Formato en el que predominan dos dimensiones (el ancho y el largo) la tercera (el alto). Formato en que se presentan la mayoría de los soportes de impresión.

Micra: Milésima parte del milímetro. Se representa con la letra griega mu.

Moléculas: Agrupación definida y ordenada de átomos.

Reciclado: Recogida de materiales una vez utilizados y reutilización de la materia prima con estaba realizado para hacer nuevos productos. Producto realizado a partir de materias primas recuperadas tras su uso.

Evaluación

1. La flexibilidad es propiedad importante a tener en cuenta en aquellos soportes que se imprimen en rotativas y que por lo tanto deben resistir las tracciones a que se ven sometidos en su paso por la máquina.

☐ Verdadero

☐ Falso

2. La blancura...

☐ Consiste en la reflexión no homogénea de la luz sobre el soporte.

☐   Consiste en la reflexión homogénea de la luz sobre el soporte.

☐   Se controla con el micrómetro

☐   Se controla con la balanza de precisión

☐   No es importante

3. La opacidad...

☐   Es una propiedad mecánica de los soportes

☐   Se controla con el colorímetro

☐   Se mide en micras

☐   Es una propiedad óptica importante

☐   Todos los plásticos deben ser opacos

4. La resistencia al estallido...

☐   Se debe tener en cuenta en los metales.

☐   Se debe tener en cuenta en los soportes que conforman bolsas y envases flexibles.

☐   Es lo mismo que la resistencia al desgarro.

☐   Se mide en dinas por centímetro.

5. La flexibilidad en los soportes no papeleros...

☐   Se mide en micras por centímetro

☐   Se debe controlar con rigidómetros

☐   Los soportes no papeleros no son flexibles

☐   Los soportes no papeleros son todos rígidos

☐   Las respuestas correctas son R1 y R4

6. El peso se controla

- ☐ No se controla, no es importante
- ☐ Con el micrómetro
- ☐ Con la balanza de precisión
- ☐ Con un dinamómetro
- ☐ Con el volumen específico

7. El espesor se mide con...

- ☐ El dinamómetro
- ☐ La balanza de precisión
- ☐ El micrómetro
- ☐ El brillómetro
- ☐ El densitómetro

8. El color...

- ☐ Consiste en la reflexión especular de parte de los rayos de luz que inciden sobre un soporte.
- ☐ Consiste en la reflexión no homogénea de parte de los rayos de luz que inciden sobre un soporte.
- ☐ Consiste en la absorción de los rayos de luz que inciden sobre un soporte.
- ☐ Consiste en la absorción de la tinta se imprime sobre un soporte.

9. La lisura...

- ☐ Repercute en la calidad de la impresión de forma negativa.
- ☐ Repercute en la calidad de la impresión de forma positiva.
- ☐ Se define como la ausencia de rugosidad del soporte.
- ☐ Se miden en gr/cm^3.
- ☐ Las respuestas correctas son R2 y R3.

10. El calibre...

- ☐ Es el espesor.
- ☐ Se mide con el micrómetro.
- ☐ Se expresa en micras, aunque también con otras unidades de medida.
- ☐ Es una propiedad importante.

Bibliografía

FERNANDEZ ZAPICO, JOSÉ MANUEL. El papel y otros soportes de impresión. Fundació Indústries Gráfiques. Barcelona. 1994.

VIDALES GIOVANETTTI, Mª DOLORES. El mundo del envase. Editorial Gustavo Gili. Barcelona. 1995.

MARTÍN, EUNICIANO Y L. TAPIZ. Diccionario enciclopédico de las Artes e Industrias Gráficas. Ediciones Don Bosco. Barcelona, 1984.

Tintas y barnices de impresión

¿Qué es la tinta?

Las tintas son sustancias que, aplicadas a un soporte, reproducen sobre éste la imagen de la forma imprimante.

Composición de una tinta

En general todas las tintas poseen una fase sólida y una líquida. La fase sólida es discontinua y la forman los pigmentos, mientras que la líquida es una fase continua más o menos viscosa, llamada vehículo, barniz o aglutinante.

Sustancias que dan color

El pigmento es el responsable del color de la tinta, así como de la rigidez y en cierta medida de la viscosidad. También los colorantes dan color a las tintas y los veremos en las tintas flexográficas.

Vehículo

El vehículo es responsable de las propiedades de imprimibilidad como la viscosidad y el tiro (que más tarde estudiaremos)

Aditivos

Los aditivos son sustancias que, añadidas en pequeñas proporciones, confieren a la tinta características determinadas según las necesidades del sistema de impresión y/o el soporte.

Un poco de historia

Las tintas de impresión propiamente dichas, surgen con la invención de la imprenta (1450).

Ya a mediados del siglo III, los chinos utilizaban tintas para imprimir con tacos de madera tallados para dar relieve a las zonas imagen.

A Europa llega en la Edad Media

Con la invención de la imprenta, tanto la tinta, como el papel se hacen necesidades ineludibles.

Al principio se utilizaron tintas negras con base agua, pero resultaban poco duraderas.

La tinta pasó a fabricarse por los mismos talleres de impresión y su composición formaba parte del secreto profesional de los impresores. Se empezaron a utilizar aceites vegetales como vehículos.

A finales del siglo XVII proliferan los fabricantes de tintas al no dar abasto los propios impresores con la demanda del mercado.

A finales del XVIII todavía se seguían utilizando casi únicamente las tintas basadas en aceite de linaza y colofonía, con algunos aditivos; pero ya se empiezan a fabricar nuevos pigmentos que daban una más amplia gama de colores imprimibles.

A finales del XIX nacen los sistemas de impresión basados en tintas líquidas (Flexografía y Huecograbado) y se empiezan a fabricar tintas con disolventes volátiles para el secado por evaporación. El primer disolvente utilizado fue la Anilina.

Ya en el siglo XX avanzan los conocimientos de los distintos sistemas de impresión y por lo tanto se obtienen materias primas más idóneas para cada uno de ellos, sintetizados en laboratorio.

Clasificación de las tintas

Según la composición de las tintas, estas se clasifican en:

- Tintas grasas
- Tintas líquidas
- Tintas UV

Composición general de las tintas

Pigmentos

Sustancias insolubles molidas para formar un fino polvo capaz de dispersarse en el vehículo.

Se encargan de dar color a la tinta.

En general los pigmentos usados son de origen orgánico, aunque sintetizados en laboratorio.

Según la tinta a fabricar y el método de impresión, así se eligen unos pigmentos u otros (contacto con el agua, aceites, alcoholes, grasas, jabones, etc.). En general de los pigmentos se requiere que den el tono, luminosidad, intensidad, etc. y que sean estables a los agentes físicos y químicos.

Los pigmentos se clasifican según su color en: negros, blancos y coloreados

Negros

Son los más usados. Los más conocidos son los producidos por la combustión incompleta de algunos líquidos o gases derivados del petróleo y que se les llama negros de humo.

Se les suele retocar con pequeñas cantidades de azul.

Blancos

Entre ellos destacan dos: Blancos opacos y Blancos transparentes.

Los opacos se emplean para cubrir superficies:

- Se mezclan con otros pigmentos para dar mayor opacidad o para obtener tonos pastel.

- Suelen dar problemas en la impresión offset.

- Los blancos opacos más utilizados son inorgánicos como por ejemplo el Ti O_2, SZn, SBa y ZnO.

Los transparentes no reflejan la luz pues la dejan pasar a su través:

- Se usan para rebajar el color y aclarar el tono de otras tintas.

- Los más utilizados son: Hidrato de alúmina, Carbonato de magnesio, Carbonato cálcico y Blanco fijo.

Pigmentos coloreados

Inorgánicos:

- Tienen poca intensidad y poco poder colorante.

- Se utilizan poco y los más comunes son: Amarillos de cromo, naranja de molibdeno y rojos de Cadmio.

Orgánicos:

- Suelen ser sintéticos preparados por mezcla de diversos productos.

- Dan una mayor finura de grano, limpieza de tono y de intensidad.

- Son más caros que los inorgánicos.

- Actualmente entre el 30% y el 40% de las tintas vendidas son de color y ese % tiende a subir.

Composición general de las tintas

Colorantes

- A diferencia de los pigmentos, los colorantes son solubles en el vehículo de la tinta.

- Dan tintas más transparentes.

- Se utilizan para fabricar tintas líquidas

Aceites

Se dividen en dos grandes grupos: minerales y vegetales.

Minerales

- Proceden de las fracciones más pesadas de la destilación del petróleo.

- Se subdividen en ligeros, semipesados y pesados según su punto de ebullición.

- Son más peligrosos para la salud porque pueden contener PCA (policíclicos aromáticos-benzopirenos), con riesgo cancerígeno.

- Pueden refinarse; pero resultan mucho más caros.

- Son los más utilizados sobre todo en tintas negras y en especial las de periódicos, debido a su bajo coste. Dan tintas inestables al calor y en general a la impresión.

Vegetales

Los más utilizados son los de lino (linaza), soja, girasol, colza y algunas semillas como la mostaza.

Dan mayor resistencia y calidad a las tintas y no presentan problemas de toxicidad.

Los EEUU utilizan un 80 % de tintas basadas en aceites vegetales, incluso para tintas negras.

Tienen la desventaja de ser un 25 % más caras que las minerales.

En Europa y en concreto Bélgica, el 80 % de sus diarios utilizan tintas vegetales en toda su producción, tanto de color como de negro.

Otra razón para usar tintas basadas en aceites vegetales, es la protección del entorno.

En algunos estados de EEUU obligan a los periódicos a respetar las leyes del medio ambiente (1990): por las que no pueden emitir a la atmósfera residuos orgánicos volátiles. Además, así se independizan más del petróleo y se solidarizan con los agricultores del propio país.

Los aceites vegetales se pueden clasificar, según su grado de polimerización, en secantes (los que polimerizan rápido al contacto con el aire), semisecantes y no secantes.

Un ejemplo clásico es el aceite de linaza que, según el tiempo y la temperatura de cocción, se consigue que tenga una viscosidad u otra y que unido a las resinas se consiguen distintos barnices secantes utilizados en las tintas de secado rápido.

Resinas

Junto con los aceites, forman el barniz de la tinta.

Proporcionan el tiro a la tinta.

Pueden ser naturales, como la colofonia derivada del pino, y sintéticas.

El barniz en general se obtiene por disolución entre 140 y 190 °C de:

a) Resinas duras como la colofonia y sus derivados formo-fenólicos, que mejoran el brillo, la retención de aceite y favorecen el secado.

b) La Gilsonita, de color negro intenso y es utilizada sólo para tintas de ese color.

c) Las resinas blandas, que son sintéticas, formadas por derivados alquídicos (poliésteres de aceites vegetales), y son más fluidas.

Disolventes

Son líquidos orgánicos, excepto con el caso del agua.

Las misiones del disolvente son:

a) Disolver las resinas.

b) Evaporarse progresivamente para que, sin secarse en el cilindro, sí lo haga en el soporte.

c) No deteriorar los cilindros de la máquina.

d) Ser compatible con el soporte a imprimir.

Un ejemplo de tinta para Huecograbado podría ser: 25% de resinas, 35% de acetato de etilo (disolvente verdadero), 30% de alcohol etílico (diluyente que favorece la evaporación del acetato) y 10% de metoxi-propanol (retardante utilizado en flexo)

Disolventes utilizados en tintas flexográficas:

- Alcoholes
- Ésteres
- Éteres glicólicos
- Glicoles
- Agua
- Otros

Aditivos

Son sustancias que, añadidas en pequeñas cantidades, confieren a la tinta distintas características que la hacen idónea para los tipos de impresión. 'Son los que el fabricante añade para ajustar las tintas hacia el sistema de impresión y el uso que se les va a dar; o el mismo impresor utiliza al pie de máquina para modificarlas ligeramente.

Secantes

Aceleran las reacciones de oxidación y polimerización.

Suelen ser sales (semejantes a detergentes) de:

- Cobalto. Secan en superficie

- Plomo. Secan en fondo

- Manganeso. Secan en masa

Antisecantes o retardadores del secado

Evitan la oxidación en masa. Suelen ser espray y están hechos basándose en polialcoholes. Evitan la formación de piel en el tintero o sistema de entintado.

Los pueden utilizar tanto el fabricante como el mismo impresor ante las paradas de máquina.

Ceras o pomadas antifrote

Consiguen un efecto deslizante en las superficies impresas para soportar manipulaciones posteriores.

Suelen ser complejos polietilénicos.

Antimaculantes

Evitan el repintado. Están hechos basándose en almidones que oxigenan la superficie impresa para aumentar la rapidez del fijado de la tinta.

Su uso se reduce a un 3-5% de la masa total de la tinta porque disminuye la calidad de la impresión.

Correctores de viscosidad y tiro

Son diluyentes que suavizan la viscosidad y el tiro de la tinta.

Están hechos basándose en aceites y espesantes.

Productos varios

Son otras sustancias que añade el fabricante en función de determinados problemas de impresión que se le puedan presentar o del uso final del impreso.

Tintas para offset

Introducción

La tinta Offset es una emulsión grasa de consistencia más o menos densa, cuya composición depende del destino final; pero que en líneas generales es: pigmentos (naturales o sintéticos), aceites minerales y vegetales, resinas y aditivos.

Composición

Las tintas grasas están compuestas de los siguientes elementos:

- Pigmentos
- Aceites
- Resinas
- Aditivos

Composición. Pigmentos

Además de lo ya comentado, los pigmentos utilizados para la fabricación de tintas, deben tener las siguientes características físicas:

- Tamaño: comprendido entre 0.01 y 0.5 micras. Los más finos son los de mejores resultados de impresión. El negro de humo suele ser el más fino y el amarillo de cromo el más grueso.

- Peso específico: Es la relación del peso de una de las partículas con respecto al peso de un volumen igual de agua. En general es mejor que tengan peso específico grande para que requieran menos barniz, aunque ocuparán menor volumen que los más ligeros.

- Índice de refracción: Es el cociente que resulta de dividir la velocidad de propagación de la luz en el vacío entre la velocidad de propagación en el seno de una sustancia, y en nuestro caso del pigmento. Nos da una idea clara de la opacidad de la tinta.

- Textura: es la dureza o suavidad de un pigmento en su forma seca. La textura nos determina la capacidad de dispersión de un pigmento en su vehículo.

- Humectabilidad: es la capacidad de los pigmentos para ser mojados por su vehículo. El pigmento seco se rodea de una capa finísima de aire que hay que eliminar cuando lo unimos al vehículo y esto depende de su humectabilidad.

- Superficie activa libre: Son las fuerzas moleculares en la superficie de la partícula de pigmento. Estas fuerzas determinan si la partícula es mojada mejor por el agua o por los aceites. Las fuerzas de la superficie de los pigmentos también juegan un papel importante en la determinación de la rigidez de la tinta.

- Solubilidad: Es la capacidad de disolución que tienen los pigmentos en los líquidos. No deben ser solubles ni en aceites ni en agua.

- Otras propiedades: La resistencia a distintos agentes como la luz, álcalis, ácidos, etc.

Aceites, resinas, aditivos
Ya hemos lo visto más arriba.

Clasificación de las tintas offset según su secado
Coldset
Son aquellas tintas de secado por absorción sobre el papel sin influencia de otros medios físicos o químicos.
Se utilizan casi exclusivamente para imprimir sobre papel prensa.

Heatset
Son tintas que secan principalmente por intervención del calor.
Se utilizan principalmente en el offset de pliego y con papeles de calidad.

Oxidativas y de secado Infrarrojo
Secan mediante un proceso físico-químico llamado oxi-polimerización.
Se utilizan principalmente en el offset de pliego.

De secado Ultravioleta
Secan exclusivamente por un proceso químico.

Tintas para flexografía y huecograbado

Introducción

Se trata de tintas líquidas (baja viscosidad)

Su secado principal es por evaporación de los disolventes que contienen; pero también pueden intervenir otros mecanismos de secado:

Absorción. Al imprimir sobre papel o cartoncillo.

Precipitación. Como por ejemplo con las tintas "base agua" cuyo pH es alcalino y al neutralizarse, con el pH ácido del papel, producen la precipitación de las resinas.

Reticulado (polimerizado) por calor. En tintas UV o IR.

En Flexografía los disolventes son más lentos de evaporar.

En Huecograbado se aplica mayor cantidad de tinta que en flexo en algunas zonas; por lo que los disolventes tienen que ser de evaporación más rápida.

Características esenciales

Antes de formular una tinta hay que tener en cuenta el sistema de impresión y las características de la máquina.

En huecograbado

En Huecograbado las tintas tienen una viscosidad intermedia, la cual se puede corregir con disolventes en el propio tintero.

Los componentes son: pigmentos o colorantes y barniz (mezcla de resinas, disolventes y aditivos).

Los pigmentos son insolubles en el barniz mientras que los colorantes son solubles.

Los colorantes resisten peor la luz y destiñen ligeramente con agua.

El barniz y las resinas

Los componentes del barniz son:

a) Resinas, que dan el barniz propiamente dicho

b) Disolventes, que proporcionan viscosidad y secado.

c) Plastificantes, que dan flexibilidad.

d) Ceras, que dan deslizamiento y resistencia al rascado.

e) Aditivos, como reticulantes, antiespumantes, etc.

Las resinas tienen una triple misión:

Transferir

Ofrecer buena imprimabilidad

Adherirse a los soportes.

Aditivos:

Plastificantes

Ceras

Tensoactivos

Antiespumantes

Promotores de adherencia.

En flexografía

Las tintas se clasifican en función de los ingredientes que tienen:

- Según el agente colorante:

1. basadas en colorantes.

2. tintas pigmentadas

3. semipigmentadas.

- Según el disolvente:

1. Basadas en disolventes: Colorantes y pigmentadas.

2. Tintas base agua.

Disolventes utilizados en tintas flexográficas:

- Alcoholes

- Esteres

- Éteres glicólicos

- Glicoles

- Agua

- Otros

Características del agua para su utilización en tintas líquidas.

- Nula contaminación

- Intentos por hacer todas las tintas con agua.

- Utilización actual para papel Kraft y cartón ondulado.

- Problemas de secado; pues se necesita calor si se quiere velocidad.

- El pH ácido del papel provoca la precipitación de la tinta (de la resina).

- Proceso todavía experimental.

- Futuro bueno al intensificarse la política medioambiental.

Tintas para serigrafía

Introducción

La serigrafía es un sistema de impresión cuyo molde impresor es una malla tensada en un bastidor, la cual está taponada en las zonas no imagen, mientras que las zonas imagen dejan pasar la tinta a través de ella cuando esta se presiona con una racleta o regla de caucho.

Con este sistema se puede imprimir sobre cualquier clase de superficies.

Utiliza tintas muy resistentes y con una amplia gama de colores, por lo que la hace muy atractiva para una amplia gama de utilidades.

Características de las tintas serigráficas

Sus características están condicionadas al tipo de sistema especial de impresión que es la serigrafía.

La tinta utilizada tiene que tener la viscosidad idónea como para que pase a través de la malla soporte cuando la racleta presiona sobre ella.

Dependiendo del soporte a imprimir, así se pueden utilizar unas tintas u otras ya que permite gran versatilidad tanto de soportes como de tintas.

En esencia, lo que distingue una tinta serigráfica de otra no es el pigmento sino los demás componentes que permitan su adhesión a los distintos soportes (plásticos, textiles, metálicos, etc.).

Estás tintas tienen mucho más poder cubriente que las demás tintas de impresión, debido a que tienen también mayor cantidad de pigmento.

Los espesores alcanzados por la tinta en los soportes serigráficos son mucho mayores que en los demás sistemas de impresión (hasta 30 micras en serigrafía de capa gruesa; mientras que en offset llegan a 2 micras).

Moldes serigráficos y formación de la imagen en el cliché

El nombre de serigrafía viene de impresión a través de seda; pero hoy en día se utilizan más el nylon, el poliéster y los hilos de metal trenzados.

Para dejar la imagen latente en el cliché, hoy en día se utilizan sobre todo las técnicas fotográficas con emulsiones fotosensibles que al insolar con películas positivas se queda sin endurecer la zona imagen que, al revelarla posteriormente, se desprenderá de la malla.

Futuro de las tintas serigráficas

Si bien la serigrafía es un sistema muy implantado en el mercado gráfico sobre todo de impresión en soportes no planos ni papel; poco a poco va teniendo más dificultades pues compite con nuevos sistemas como los Transferibles y la Tampografía, así como con métodos tradicionales de bordado en prendas textiles que ya se encuentran gobernados por ordenador y con sistemas muy sofisticados que dan rapidez y calidad.

Las nuevas tintas de secado UV hacen que el problema del secado en este sistema, vaya dejando de serlo. Además, se está ganando bastante en rapidez de impresión que es otro de sus puntos flacos.

Tintas ultravioletas

Introducción

Las tintas ultravioletas (UV) son aquellas que debido a su formulación son capaces de secar en décimas de segundo cuando se les aplica una determinada radiación ultravioleta.

De esta manera las velocidades de la máquina pueden ser mayores, sin problemas de repintado y con brillos más elevados.

Su uso se está generalizando a todos los sistemas de impresión y los inconvenientes que presenta se van corrigiendo con el tiempo.

Espectro de emisión UV

El espectro UV está comprendido entre los 100 nm y los 380 nm. Dentro de ese abanico de longitudes de onda, las más bajas hacen que la reacción de secado (curado) se produzca rápidamente y otras hacen que seque tanto en masa como en el fondo de la película de tinta.

Composición

Si bien los pigmentos de las tintas ultravioleta suelen ser los mismos que para las tintas grasas y líquidas, en lo que más se diferencian es en el vehículo (Monómeros, Oligómeros y Fotoiniciadores).

- Monómeros. Son el diluyente; pero además influyen en la velocidad de secado y en la resistencia química y física de la tinta.

- Oligómeros. Son el otro componente del vehículo de la tinta. Además de influir en la velocidad de secado, proporcionan flexibilidad, dureza, resistencia y adhesión a la tinta.

- Fotoiniciadores. Son los que comienzan la reacción de polimerización (curado).

Al igual que en las demás tintas, también se añaden Aditivos para dar mayor estabilidad a la tinta, así como otras características que hacen más idónea su utilización.

Fases del secado

- Iniciación. Al incidir la luz UV los fotoiniciadores forman radicales libres que se unirán a los dobles enlaces de los demás componentes.

- Propagación. Reacción en cadena a todos los dobles enlaces de monómeros y oligómeros.

- Terminación. Formación de la película tridimensional perfectamente seca y endurecida.

Comparación tintas UV con tintas convencionales
Precauciones en el uso de tintas UV
Pueden causar irritaciones al contacto con la piel.

- Necesidad de un sistema de extracción de vapores.

- Necesidad de tener bien aislado el sistema de emisión UV para evitar que llegue a las personas.

Sin embargo, si se siguen las normas y pautas que están indicadas por los fabricantes en cuanto a Seguridad e higiene, este sistema de impresión es limpio y seguro.

Secadores UV

Las lámparas UV están compuestas en su mayoría por mercurio en el interior de ampollas de cuarzo que son capaces de aguantar entre 600 y 800°C.

La potencia de dichas lámparas suele ser de 160 W/cm; si bien con el tiempo la eficacia de estas disminuye.

Además de las lámparas, son necesarios reflectores que orienten la radiación UV hacia el soporte a secar. Estos suelen ser parabólicos y elípticos, aunque los hay regulables para poder incidir en mayor o menor superficie según convenga.

Ventajas e inconvenientes

Ventajas

- Secado en una décima de segundo.

- Manipulación inmediata.

- Máximo apilado de salida posible.

- Estabilidad de las tintas en los botes y en máquina.

- Débil olor del material impreso.

- Altas resistencias físicas y químicas.

- Apreciación inmediata de la tonalidad.

Inconvenientes

- Instalaciones caras.

- Gran consumo energético.

- Reacciones con algunos moldes de impresión y materiales.

- Tintas más caras.

- La estabilidad en el almacenaje es menor.

Gamas comerciales de tintas y pantones

Según los distintos fabricantes de tintas y barnices, así hay distintas gamas comerciales de tintas y pantones.

Los pantones son aquellos colores especiales fabricados por la casa Pantone y que han dado nombre a todos los demás colores distintos de las gamas tradicionales (Cían, Magenta, Amarillo y Negro) que se obtienen por determinadas mezclas de tintas especiales fabricadas por las distintas casas que los comercializan.

Tipos de barnices

Introducción

Normalmente los barnices, sobre todo los utilizados en la sobreimpresión offset, tienen la misma composición que una tinta excepto en el pigmento. Los barnices no tienen pigmentos o bien lo tienen transparente.

Se utilizan para dar brillo y para proteger lo impreso frente a los roces. A veces el conseguir estos requisitos es difícil y se opta por el que más interese en cada momento.

Algunos barnices tienden a amarillear con el tiempo.

Utilidades de los barnices

- Para protección de envases.

- Para impresión en cartulinas.

- Para adhesivos.

Formas de aplicación

- Un sistema sencillo suele ser el dedicar el último cuerpo de una máquina para aplicar el barniz de la manera convencional.

- También existen máquinas nuevas que vienen provistas de una torre de barniz al final de todos los cuerpos impresores con su correspondiente zona de secado.

Tipos de barnices

- Barnices ultravioleta: Dan buen brillo, gran resistencia y secan instantáneamente.

- Barnices de secado por evaporación: Secan rápidamente, pero tienen un brillo limitado.

- Barnices de secado por oxidación: Utilizan aceites vegetales que no amarillean. Secan peor, pero dan buen brillo.

Normas

Las normas más comunes para tintas, suelen ir también referidas al soporte sobre el cual se imprimen dichas tintas.

Seguidamente pasamos a ver las distintas normas UNE más importantes en relación a las tintas.

Ámbito de la norma. Impresos y tintas de impresión	Norma UNE
Evaluación de la resistencia a la luz	54006
Evaluación de la resistencia a los disolventes	54008
Evaluación de la resistencia de los impresos a los ácidos	54104
Color y transparencia de las tintas de gama para cuatricromía	54105-1 y 2
Evaluación de la resistencia a la luz filtrada de una lámpara de arco de Xenón	54106
Determinación del tiro de las tintas en pasta	54107
Determinación de la viscosidad mediante viscosímetro de varilla	54108
Evaluación de la resistencia a productos varios	54112

Esquema-resumen

Recuerda que:

La tinta es una sustancia que aplicada a un soporte reproduce en este la imagen de la forma imprimante.

Una tinta está compuesta de una sustancia que da color, un vehículo y unos aditivos.

El vehículo de una tinta depende del tipo de tinta.

En tintas grasas se usan aceites minerales y vegetales.

En tintas líquidas se usan disolventes volátiles como componentes del vehículo.

Los pigmentos son insolubles en el vehículo y los colorantes son solubles.

Los mejores pigmentos suelen ser los orgánicos.

Las tintas UV se utilizan cada vez más, aunque todavía tienen inconvenientes.

Las tintas UV no tienen ni aceites ni disolventes en su composición.

Las tintas grasas se usan en la impresión Offset y en Tipografía, mientras que las líquidas en Huecograbado y Flexografía.

Las tintas de Serigrafía son muy resistentes y con una amplia gama de colores.

Los barnices ayudan a proteger lo ya impreso.

Glosario

Combustión incompleta: Es aquella combustión en la que por falta de oxígeno no tiene lugar al 100 % y deja restos orgánicos sin transformarlos en dióxido de carbono y vapor de agua.

Emulsión fotosensible: Son aquellos compuestos utilizados en las artes gráficas para la reproducción de distintos originales y que son sensibles a la luz.

Forma imprimante: Es la superficie preparada para poder ser entintada e imprimir seguidamente sobre un soporte. Dicha superficie es distinta para cada sistema de impresión.

Offset de pliego: Es aquel tipo de papel que se corta en hojas. También se denominan así las máquinas de impresión que siguiendo el método offset, utilizan papel en hojas.

Poder colorante: Se dice de la fuerza que tienen los distintos pigmentos o tintas para producir un color determinado.

Polimerización: Convertirse una substancia en otra de la misma composición, pero con características diferentes. Unión de monómeros en macromoléculas poliméricas.

Retardante: Compuesto utilizado para ralentizar el proceso de secado de una tinta líquida.

Vehículo: Se dice de los componentes de la tinta que sirven para transportar el pigmento y le confieren a dicha tinta distintas propiedades importantes para poder imprimir con calidad y durabilidad.

Evaluación

1. Las tintas líquidas se utilizan en:

- ☐ Tipografía
- ☐ Offset y huecograbado
- ☐ Huecograbado y flexografía
- ☐ Serigrafía

2. La capa de estuco de los papeles:

- ☐ Los hace impermeables
- ☐ Los hace microporosos
- ☐ Permite que la tinta seque antes
- ☐ Hace que el pigmento penetre más en el papel

3. Los aceites secantes contienen moléculas:

- ☐ Con dobles enlaces (no saturadas)
- ☐ Sin dobles enlaces (saturadas)
- ☐ La a) y además son capaces de polimerizar
- ☐ La b) y además son capaces de polimerizar

4. Las tintas ultravioletas:

- ☐ Se utilizan sólo en Huecograbado.
- ☐ Tienen los mismos componentes que las tintas grasas.
- ☐ El único componente igual a las demás tintas es el pigmento.
- ☐ Todas son correctas.

5. Las tintas de flexografía pueden ser:

- ☐ Basadas en colorantes
- ☐ Pigmentadas basadas en disolventes
- ☐ Al agua
- ☐ Todas las anteriores son correctas

6. Las tintas para huecograbado secan por:

- ☐ Evaporación
- ☐ Penetración
- ☐ Precipitación
- ☐ Polimerización

7. Las tintas ultravioletas:

- ☐ Secan al aplicarles calor
- ☐ Secan con el tiempo
- ☐ Secan con lámparas halógenas
- ☐ Secan por radiaciones UV

8. Los aceites vegetales pueden ser:

- ☐ Secantes
- ☐ Semisecantes
- ☐ No secantes
- ☐ Todas las anteriores

9. Las distintas volatilidades de los líquidos producen:

- ☐ Distinta velocidad de evaporación

☐   Distinta velocidad de secado

☐   Distintas tintas líquidas

☐   Todas las anteriores son verdaderas

10. En el papel prensa la tinta seca por:

☐   Precipitación

☐   Polimerización

☐   Oxidación

☐   Penetración

Bibliografía

- Tintas y Barnices para Artes Gráficas. Joan Francesc Ivars Llopis. Fundació Indústries Grafiques.

Propiedades de las tintas y barnices

Propiedades ópticas de las tintas y barnices

Color

Es la medición de la fuerza colorante del pigmento dentro del vehículo de la tinta.

El procedimiento más convencional y visual de medición de la intensidad del color es por degradación con blanco. Se realiza por comparación con una tinta "tipo".

Otro procedimiento es mediante la utilización de un colorímetro o un espectrofotómetro midiendo una muestra impresa en un IGT.

En general se podría afirmar que, a mayor intensidad, mayor rendimiento de la tinta.

Transparencia

- Es uno de los elementos determinantes para establecer la mejor secuencia en la impresión de las tintas de una gama para la obtención del mejor resultado del impreso.

- La transparencia relativa se refiere a una segunda tinta con respecto a la que se ha impreso primero.

- Es lo contrario de la Opacidad que sería el poder cubriente de una tinta.

- Se puede medir con un densitómetro comparando la densidad obtenida sobre un fondo blando y la obtenida sobre un fondo negro y multiplicando por 100 Opacidad = DB/ DN X 100.

Brillo

- Es el % de luz reflejada a 45 °, 60° ó 75°.

- Es un factor importante ya que a mayor brillo de papel se puede conseguir mayor brillo de la tinta.

- El brillo se consigue mediante calandrado.

- Brillo = Luz emergente / Luz incidente X 100.

- El brillo aumenta al aumentar el gramaje. Lo aumentan las cargas, pigmentos y blanqueantes.

- Se mide con brillómetros.

Propiedades ópticas de las tintas y barnices

Eficacia o rendimiento

- Es la capacidad de reflejar al máximo las radiaciones luminosas que debe reflejar, sin absorciones indebidas.

- Una tinta ideal debería absorber un tercio del espectro lumínico y reflejar los otros dos tercios.

- Es un valor cuantitativo que relaciona, en porcentaje, la parte de tinta que se comporta de forma ideal.

- Se mide con densitómetro midiendo las densidades de tintas C, M y Amarilla y aplicando la fórmula:

Eficacia = 1 - (Dmínima + Dmedia) / (2 · Dmáxima) X 100

Secado

Es la operación por la que la tinta pasa de la fase viscosa a la fase sólida, quedando seca al tacto. Hay una primera fase de secado cuando la tinta ha perdido su estado viscoso y no produce repintado. En una segunda fase se produce el endurecimiento final de la película.

La primera fase de secado es importante porque permite empezar a manipular levemente los pliegos sin inconvenientes de repintado o pegado.

Los distintos tipos de secado que nos encontramos con las tintas son: absorción, filtración selectiva, oxidación y evaporación.

El secado depende mucho de la porosidad del soporte.

Las tintas actuales se conciben y formulan en función de determinadas exigencias. Sus componentes se escogen y adoptan según la naturaleza de la superficie del soporte que debe recibirlas y de la clase de procedimiento y maquinaria que debe realizar la impresión.

Propiedades físicas de las tintas y barnices

Viscosidad

Es la resistencia a fluir de la tinta.

Los líquidos que fluyen rápidamente se dice que poseen una baja viscosidad, mientras que los que lo hacen lentamente poseen alta viscosidad.

La unidad de medida es el Poise.

Depende mucho de la temperatura. A mayor temperatura menor viscosidad. Puede llegar a cambiar la viscosidad incluso un 10% por cada grado centígrado de diferencia.

Se mide con viscosímetros que según la tinta sea grasa o líquida son distintos:

- Para tintas grasas se utilizan viscosímetros de varilla o Laray.

- Para tintas líquidas se utilizan viscosímetros de copa.

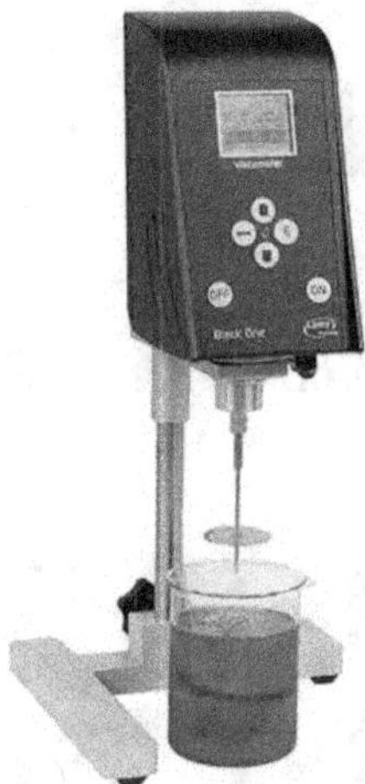

Viscosímetro

Tensión superficial

Es una propiedad de las tintas líquidas a las cuales se les suelen añadir tensoactivos como son el jabón y el agua.

La Tensión superficial es la fuerza que ofrece un líquido al separarse sus moléculas. Con plastificantes se realiza la operación contraria, endurecer el líquido.

En tintas grasas se habla más bien de cohesión, que es la atracción entre moléculas que mantiene unidas las partículas de una sustancia. La cohesión es distinta de la adhesión; la cohesión es la fuerza de atracción entre partículas adyacentes dentro de un mismo cuerpo, mientras que la adhesión es la interacción entre las superficies de distintos cuerpos.

Tiro

También se le llama Tack, y es la resistencia que opone una película de tinta a dividirse en dos partes. Un sinónimo de tiro sería "pegajosidad".

Es la característica más importante en las tintas offset ya que de él depende el arrancado del papel, fallos en la salida del papel, defectos de aceptación de una tinta sobre otra, etc.

Se puede medir con la simple prueba del "dedo" y con el aparato de pruebas IGT.

IGT

Densidad

Densidad o peso por unidad de volumen, viene definida por el peso en kg de un litro de tinta.

No se suele considerar este aspecto en la mayoría de las tintas de Artes Gráficas y, si se calcula, será para saber el número de impresos que se pueden realizar con una cantidad de tinta concreta, conociendo el espesor de tinta sobre el soporte a imprimir y la superficie de la imagen. Esta medición es más frecuente en Serigrafía, Flexografía y Huecograbado, que son tintas menos viscosas y menos tixotrópicas que en offset.

Se puede emplear para medir la densidad una balanza y una pipeta de tintas.   D = masa/volumen.

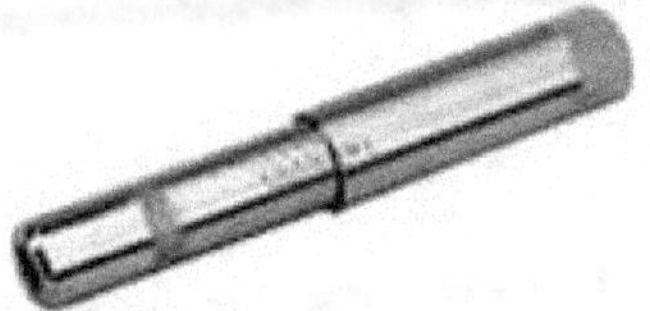

Pipeta de tinta

Trapping

El Trapping o atrapado de las tintas, es la propiedad por la cual una tinta fresca ya impresa es capaz de atrapar una capa de otra tinta que se imprime en segundo lugar.

Para minimizar la influencia del trapping, hay que imprimir una secuencia de tintas en orden decreciente de tiro.

Se mide a través de un densitómetro sobre tiras impresas en el IGT.

El trapping siempre es la comparación de cuánto se deja de la segunda tinta sobre la primera ya impresa en el papel.

$$T = \{[\text{Dens. } (1+2) - \text{Dens. } (1)] / \text{Dens. } (2)\} \times 100$$

Siendo 1 y 2 las tintas primera y segunda impresas.

Medición de los parámetros de las tintas

Para la medición de los distintos parámetros expuestos anteriormente, se utilizan los aparatos también reseñados anteriormente:

- Balanza electrónica.

- Aparato de pruebas IGT.

- Viscosímetro.

- Colorímetro.

- Brillómetro.

- Espectrofotómetro.

- Pipeta de tintas.

Almacenamiento de las tintas

Según el tipo de tinta, es necesario unas condiciones de almacenamiento u otras.

De todas formas, son los fabricantes de tinta los que especifican de cada una de sus gamas qué normas de utilización se deben seguir.

Almacenamiento de tintas

Preparación de tintas para su utilización

- Antiguamente las tintas se hacían en el mismo taller de impresión y era el impresor el encargado de que todo saliera bien.

- Hoy, en cambio, esto se deja en manos de las empresas fabricantes de tintas, siendo ellas las encargadas de que todo el proceso de elaboración y envasado cumpla con las normas establecidas para su uso inmediato en el taller de impresión.

- A modo de ejemplo veamos la fabricación de una tinta grasa:

   - La fabricación de una tinta comienza con la recepción de sus materias primas y termina con la expedición de la tinta elaborada.

   - Es imprescindible seguir un control riguroso desde el principio para obtener una buena regularidad del producto.

Máquina tricilíndrica

Preparación de tintas para su utilización

Pesada

A partir de una fórmula establecida y según un orden, la primera operación a realizar es la pesada de materias primas.

Pesado de tintas

Mezcla y dispersión

Consiste en homogeneizar los productos anteriormente pesados mediante mezcladores mecánicos (de disco, aspas, etc.) o físicos como los ultrasonidos. Mediante esta operación se mojan bien las partículas secas (pigmentos y cargas) y se destruyen la mayor parte de los aglomerados que existen en los pigmentos.

Mezcladora de tintas

Trituración y molienda

Con ellas se destruyen todos los aglomerados de los pigmentos que todavía no lo hubieran hecho.

Las máquinas más comunes utilizadas para conseguir esto son las tricilíndricas, aunque también existen molinos de bolas que consiguen los mismos fines.

Conseguida la molturación o dispersión de la pasta, se vuelve al proceso de pesada para completar los aditivos y una vez homogeneizados, se sacan las muestras correspondientes para hacer los controles oportunos como son: color, rigidez, viscosidad y tack.

A partir del momento que se ha dado el visto bueno, porque la tinta controlada es similar al patrón estándar existente en laboratorio, se procede al envasado mediante nuevas tricilíndricas o por dosificadores automáticos; pero siempre al vacío con vacuómetros; para evitar la oxidación interna por el aire que tiene la tinta en su interior debido a la homogeneización.
- Las tintas grasas se envasan en botes de 1Kg en adelante y llegan listas para su utilización inmediata en la imprenta.
- Las tintas líquidas necesitan diluyentes como el tolueno, que son necesarios añadir para conseguir la viscosidad idónea durante el tiempo que dure la tirada.

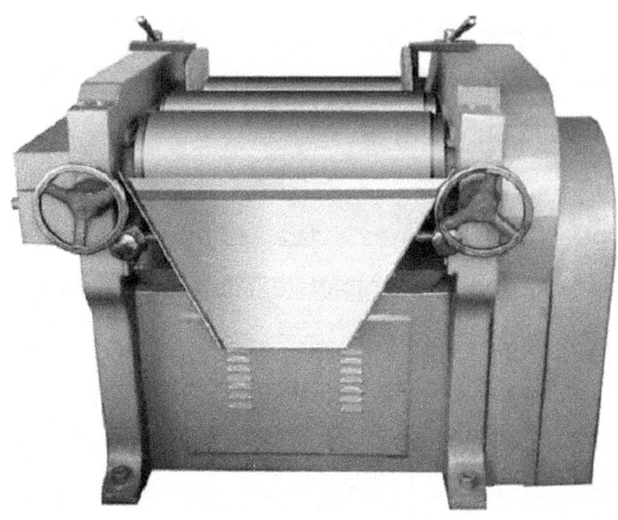

Máquina tricilíndrica refinadora

Esquema-resumen

Recuerda que:

-Las tintas y barnices tienen propiedades físicas, químicas y ópticas.

-Que se necesitan en ocasiones aparatos de laboratorio sofisticados para poder analizar dichas propiedades.

-Cada una de las propiedades es importante tenerla en cuenta y analizarla para poder obtener tintas de calidad aptas para poder imprimir en una amplia variedad de soportes.

-Las tintas necesitan unas condiciones de almacenamiento para que no se estropee lo fabricado.

-En la preparación de las tintas para su utilización es necesario una serie de pruebas de laboratorio y unas fórmulas exactas de composición para poder después fabricar en grandes cantidades.

-Un aparato fundamental en la fabricación de tintas grasas es la Tricilíndrica.

Glosario

Cargas: Compuestos inorgánicos añadidos a las tintas y al papel como aditivos para mejorar sus propiedades físicas.

Espectro lumínico: Es la zona del visible dentro del espectro electromagnético, en la cual una persona puede distinguir los distintos colores.

Plastificante: Aditivo añadido a las tintas que varía la viscosidad y el tiro de las mismas.

Secuencia de impresión: Es el orden en que se imprimen los distintos colores en una máquina.

Tixotropía: Propiedad importante en las tintas grasas por la cual una tinta se comporta de manera distinta a un fluido newtoniano normal. Viscosidad y Tiro.

Tricilíndricas: Son las máquinas utilizadas en la fabricación de tintas que sirven para la trituración y molienda de los componentes de dichas tintas antes de envasarlas.

Vehículo de la tinta: Se dice de los componentes de la tinta que sirven para transportar el pigmento y le confieren a dicha tinta distintas propiedades importantes para poder imprimir con calidad y durabilidad.

Evaluación

1. Un densitómetro al medir un color, coloca el filtro:

☐ Del color complementario al que va a medir

☐ Del mismo color al que va a medir

☐ Coloca los tres filtros simultáneamente

☐ No necesita colocar filtros

2. La propiedad por la que una tinta cambia su consistencia haciéndose más fluida como consecuencia del trabajo y menos fluida como consecuencia del reposo, se llama:

☐ Tiro

☐ Viscosidad

☐ Rigidez

☐ Tixotropía

3. A la resistencia a fluir de una tinta se le llama:

☐ Viscosidad

☐ Rigidez

☐ Tixotropía

☐ Tiro

4. Un buen atrapado entre dos tintas es aquel que su % está entre:

☐ 70 y 80 %

☐ 80 y 95 %

☐ Mayor a 95 %

☐　60 y 70 %

5. La resistencia que una película de tinta opone a toda fuerza que tiende a romperla por tracción en sentidos opuestos, es una definición de:

☐　Viscosidad

☐　Intensidad

☐　Trapping

☐　Tiro

6. La evaluación visual de la luz reflejada bajo diversas incidencias para una impresión, es la definición de:

☐　Tonalidad

☐　Brillo

☐　Nitidez de tono

☐　Viscosidad

7. El aparato que nos mide la densidad óptica de las tintas se llama:

☐　Colorímetro

☐　Espectrofotómetro

☐　Densitómetro

☐　Brillómetro

8. A la capacidad de una tinta de reflejar al máximo las radiaciones luminosas que debe reflejar, sin absorciones indebidas se le llama:

- ☐ Contenido en gris
- ☐ Error de tono
- ☐ Eficacia de la tinta
- ☐ Opacidad

9. La viscosidad de una tinta se le atribuye:

- ☐ Al vehículo
- ☐ Al pigmento
- ☐ Al aceite
- ☐ A las resinas

10. La viscosidad de una tinta grasa se mide con:

- ☐ Viscosímetros de copa
- ☐ Viscosímetros de varilla descendente
- ☐ Viscosímetro Laray
- ☐ La R1 y la R3 son correctas

Bibliografía

- Tintas y Barnices para Artes Gráficas. Joan Francesc Ivars Llopis. Fundació Indústries Grafiques.

Emulsiones fotosensibles

La emulsión en la película fotográfica

En la base de la reproducción gráfica actual se encuentra la fotografía.

La fotografía se basa en dos hechos científicos:

- La luz que entra por un orificio muy pequeño practicado en una cámara obscura, forma en la pared interior opuesta una imagen invertida del objeto iluminado.

- Ciertas substancias tienen una particular sensibilidad a la luz, reaccionando ante ésta cambiando su estructura química.

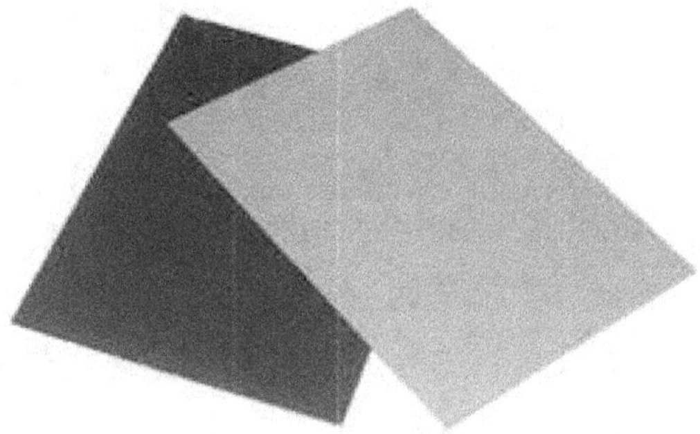

Películas

Breve aproximación histórica

La película fotográfica es la lámina de plástico transparente con una emulsión fotográfica que se emplea para la elaboración de las formas impresoras. Todas las películas utilizadas para la reproducción gráfica proporcionan un resultado en blanco y negro –puesto que su única función es delimitar zonas impresoras y no impresoras–.

La historia comienza a principios del siglo XVIII, cuando el alemán Schulze realiza los primeros experimentos en este campo utilizando vidrio como soporte y recubriéndolo de cloruro de plata.

Prácticamente un siglo más tarde, Herschel descubrió que el tiosulfato sódico disolvía el cloruro de plata y servía para fijar la imagen eliminando la parte residual.

Niepce descubrió que determinadas resinas, como el asfalto, tienen la propiedad de volverse insolubles al ser expuestas por la luz. Su sistema se denominó heliografía.

Talbot utilizó para sensibilizar el papel soluciones de cloruro de sodio y nitrato de plata utilizando una solución de sal común para fijar la imagen. Arches en torno a mediados de este mismo siglo (siglo XIX) descubrió el colodión –solución de nitrocelulosa en una mezcla de alcohol y éter – para sensibilizar las láminas de vidrio–. Las primeras placas secas o películas propiamente dichas se obtenían en el último cuarto de siglo por medio del empleo de gelatina como elemento dispersante y sostén de las sales de plata.

La emulsión en la película fotográfica

La película fotográfica utilizada en la industria gráfica no es más que el soporte de la emulsión fotosensible y un medio de protección de ésta, se compone de las siguientes partes:

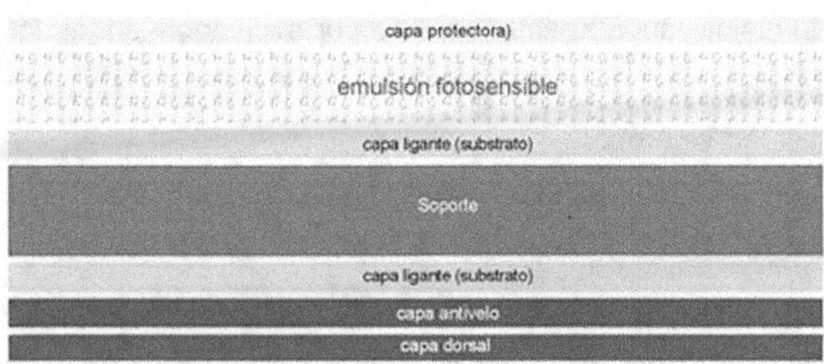

Composición de la película fotográfica

La función de cada una de las partes de la película fotográfica serían las siguientes:

- Capa protectora: protege la emulsión de los daños físicos y evita la formación de anillos de Newton.

- La emulsión: es la parte sensible a la luz y está formada por una gelatina que contiene las sales de plata (bromuro de plata, cloruro de plata, yoduro de plata...).

- El soporte: suele ser de poliéster o de aluminio en caso de las formas impresoras y aparte de sujetar la emulsión y hacer manejable la película, aporta una propiedad muy importante que es la estabilidad dimensional —es decir que la película por la acción del calor y la humedad mantenga sus dimensiones—, básica para el ajuste y registro de los colores entre sí. El poliéster se ha impuesto como soporte en las películas fotográficas debido a una serie de características que le destacan sobre otros posibles: Es muy transparente, muy estable en sus dimensiones, presenta facilidad de laminación, una baja combustibilidad y es barato.

El aluminio a su vez, es el soporte por excelencia en las formas impresoras de offset debido a su maleabilidad, abundancia, flexibilidad y dureza.

- Los substratos (capas ligantes): proporcionan la adhesión de las diferentes capas entre sí.

- La capa antivelo: evita la formación de halos alrededor de la imagen (al atravesar y reflejarse parte de los haces de luz en el lado opuestos del soporte incidiendo de nuevo sobre la emulsión, pero por el lado contrario).

- Capa dorsal: mantiene plana la película dotando a la misma de una cierta rigidez, evitando la tendencia de la película al enrollado.

Composición de la emulsión

Es la capa fotosensible que tiene la misión de reproducir las imágenes destinadas a la impresión.

Consiste en una gelatina fotosensibilizada mediante diferentes halogenuros de plata (bromuro de plata, cloruro de plata, yoduro de plata...).

- La gelatina: Substancia proteínica obtenida a partir de huesos y tejidos animales, debe ser transparente, de grosor constante y debe permitir la distribución regular de los compuestos de plata en su seno.

Tiene una gran capacidad para absorber agua sin disolverse por lo que es la substancia idónea para facilitar el contacto entre los líquidos de revelado y los cristales de halogenuros.

- Los cristales fotosensibles: Dispersión de partículas de sales de plata en forma de cristales en gelatina, –pudiendo caber hasta 3000 millones de estos cristales en un centímetro cuadrado en caso de emulsiones de grano fino–.

Tales cristales consisten en iones positivos de plata y en iones negativos de un halógeno, generalmente bromo, estando el halógeno situado en la parte externa.

Determinación del lado de la emulsión
Un aspecto importante, en el manejo de la película fotográfica, es la de determinar el lado emulsión y el lado soporte, ya que habitualmente la exposición del material sensible debe ser realizada por el lado de la emulsión.

Métodos para la determinación del lado de la emulsión
La posición en el envase:
-Normalmente todos los materiales fotosensibles se colocan con el lado de la emulsión hacia abajo.

El brillo:
- La cara de la emulsión es más mate.

El color:
- La cara de la emulsión es la más clara.

El método de rascado:

- Mediante una cuchilla o cortador, si se rasca sobre la emulsión, ésta se desprende con facilidad.

Raspado de película

La muesca que viene en algunos materiales pancromáticos:

- Cuando la muesca se encuentra en la parte superior derecha, estamos viendo el lado emulsión.

La adhesión:

- Con los dedos húmedos, el lado emulsión se queda adherido.

Clasificación de las emulsiones según su sensibilidad cromática

Las emulsiones según su sensibilidad cromática pueden ser:

- Ortocromáticas. Sensibles a todos los colores del espectro excepto la luz roja.

- Pancromáticas. Sensibles a todos los colores del espectro

- Luz día. Sensibles solamente a los colores próximos a los ultravioletas.

A continuación, se presentan unas gráficas espectrofotométricas, que relacionan la sensibilidad y el color en función de la sensibilidad de la emulsión:

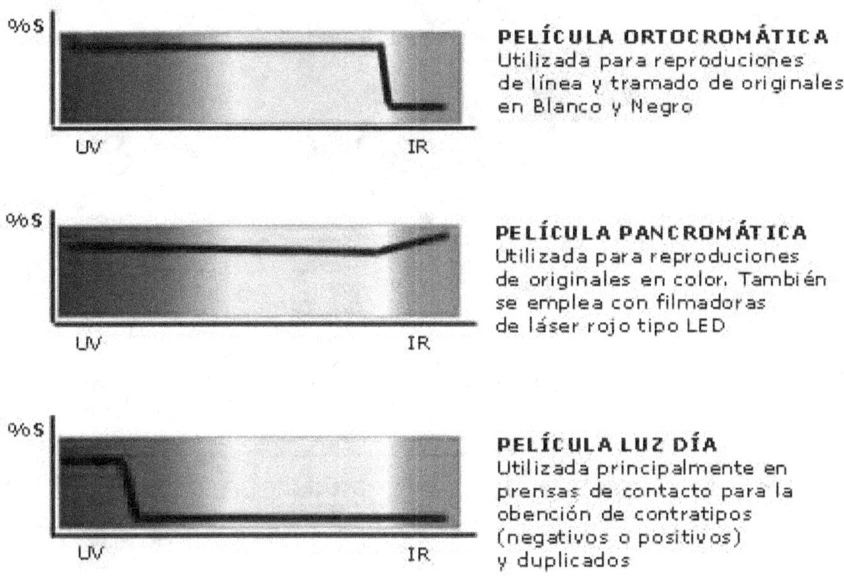

Gráficas espectrofotométricas

Clasificación de las emulsiones

Clasificación de emulsiones sensibles según su gradación

Atendiendo a la gradación de los materiales sensibles podríamos encontrar dos principalmente:

- Película de alto contraste (tipo lith): son las más utilizadas. Proporcionan una nitidez y contraste perfecto del punto de trama y de las áreas imagen.

- Película de tono continuo: utilizadas poco salvo procesos concretos en huecograbado o en unidades de exposición de escáneres de 2ª generación.

Película

Clasificación de emulsiones sensibles según el tipo de reproducción

Teniendo en cuenta el tipo de reproducción obtenida en el proceso de preimpresión, nos encontramos con dos tipos de películas:

- Película negativa: es la más utilizada, tanto en cámara, prensa de contactos, unidad de exposición del escáner y filmadoras. Esta película se caracteriza por obtener una reproducción invertida del original (un negativo), la luz afecta a las sales de plata de su emulsión, provocando el ennegrecimiento de las mismas durante el proceso de revelado.

- Película autopositiva: es utilizada, casi, exclusivamente en la obtención de duplicados mediante prensas de contactos. Esta película viene preexpuesta de fábrica, de tal forma que la luz provoca la destrucción de las sales de plata (las sales afectadas por la luz, no serán ennegrecidas por el revelador, siendo eliminadas en el fijado) obteniéndose una copia positiva de la imagen original al ennegrecerse las sales de plata no afectadas por la luz (correspondientes a las zonas imagen).

Fotolitos

Características y comportamiento de las emulsiones sensibles

A continuación, vamos a conocer qué recomendaciones realizan los fabricantes al respecto de las características óptimas de las películas y materiales sensibles utilizados en el sector de la preimpresión.

- Calidad de imagen y nitidez: puesto que la "calidad" es un factor un tanto subjetivo, se ha desarrollado un método que mide la falta de nitidez en un 5% de punto, determinando la amplitud de una zona de densidad de 0,10 a 0,40 alrededor de la circunferencia del punto. Esta área es la más afectada a lo largo del proceso de preimpresión, por ejemplo, en el copiado a la plancha o en duplicados. Y la película más nítida proporciona el mayor control de reproducción tonal.

- Proporciones de regeneración: Una baja proporción de regeneración significa una menor cantidad de químicos, lo cual no solamente es bueno para el medio ambiente, sino que también reduce la cantidad de manipulación de desechos químicos, ahorrando tiempo y dinero.

La gráfica representa el efecto del tiempo de exposición en relación con la densidad alcanzada por la película:

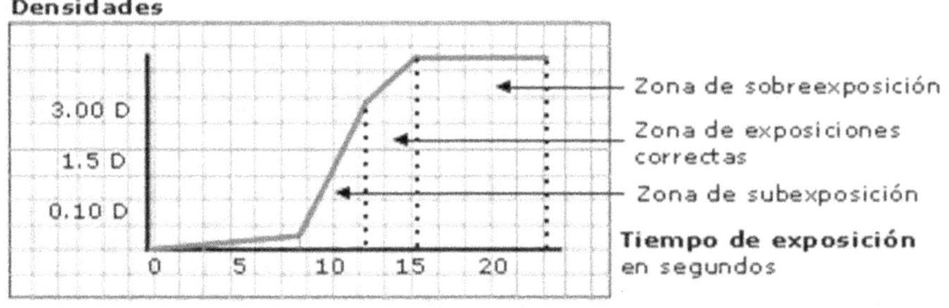

Gráfica que relaciona tiempo y densidad para una película

Procesado de las emulsiones

Durante el proceso de filmación se genera sobre la superficie de la película una imagen latente, prácticamente invisible y muy inestable. Se hace necesario el revelado y procesado de dicho material sensible para obtener una imagen fija y reproducible.

Imagen latente

Cuando un fotón de luz incide sobre el cristal fotosensible libera un electrón de la última capa del ion bromo transformándose éste en un átomo. Por otro lado, el electrón desprendido es captado por el ion plata que a su vez se convierte en átomo.

Los átomos de plata se disponen entonces en torno a una partícula de sensibilidad componiéndose así el núcleo de revelado y parte de la imagen latente.

Una vez que se tiene la imagen latente formada por cristales expuestos a la luz se deben transformar tales cristales en plata metálica por medio de un producto reductor – el revelador – para obtener la imagen visible.

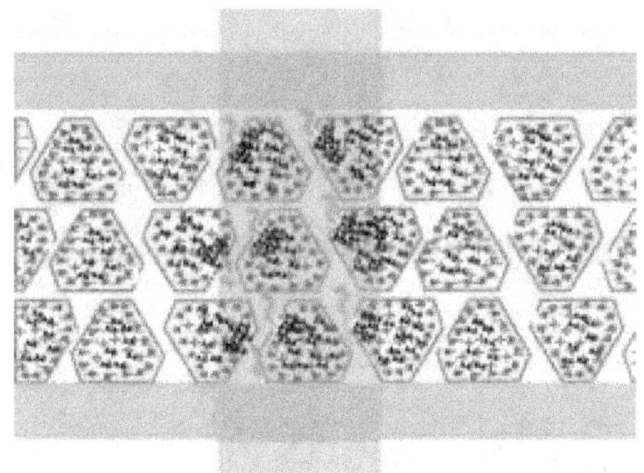

Formación de la imagen latente

Revelado de la imagen

Procesado

- Revelado. La sustancia reductora del revelador ennegrecerá las sales de plata afectadas por la luz durante el proceso de filmación.

- Fijado. Las sales de plata no afectadas por la luz serán disueltas por el fijador. De igual forma, y a diferencia de la fotografía convencional, el fijador actúa como baño de paro, debido a su composición ácida, deteniendo la acción del revelador.

- Lavado. Se realiza bajo un flujo constante de agua eliminándose todo resto de productos químicos. Esta fase es importante ya que un mal lavado provocaría el amarilleamiento de soporte a medio-largo plazo.

- Secado. Mediante aire caliente se evapora toda la humedad de la superficie, facilitando su manejo y posterior montaje sobre el soporte de montaje.

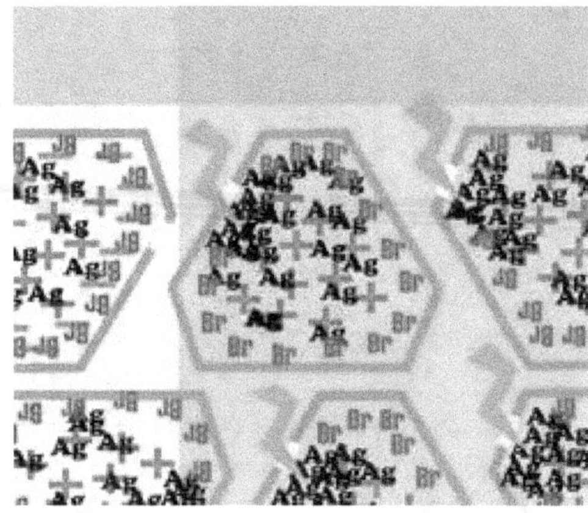

Formación de plata metálica a partir de la imagen latente

Todas estas operaciones se realizan de manera automática y controlable mediante la procesadora.

Los componentes que forman el revelador son los siguientes:

- Sustancia reductora. Compuesta de metol-hidroquinona o substancia análoga su función consiste en ennegrecer las sales de plata expuestas a la luz.

- Acelerador. El más usado es el carbonato sódico, su función consiste en aumentar la energía de la substancia reductora para disminuir el tiempo de revelado.

- Conservador. El más empleado es el sulfito sódico y su función consiste en impedir o retardar la oxidación y desgaste del revelador.

- Antivelo, retardador o inhibidor. El bromuro potásico es muy empleado como retardador, impide que la substancia reductora actúe sobre las sales de plata no afectadas por la luz.

- Disolvente. Agua, diluye los anteriores componentes sirviendo de vehículo.

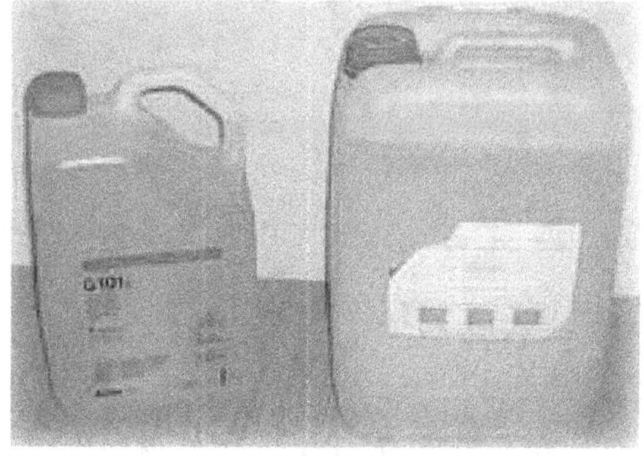

Líquido revelador

Variables o factores que influyen en el revelado

Tal vez este punto sea el más importante en lo relativo a la química fotográfica. La mayoría de los problemas y defectos que aparecen en el fotolito suelen estar causados por un procesado incorrecto. Vamos a conocer a continuación qué factores influyen en el revelado:

Tiempo de revelado

El tiempo que permanece la película expuesta en el revelador determina el nivel de densidad a alcanzar.

Se pueden producir dos problemas, el sobre revelado (que provocaría un incremento de densidad de la película, ennegreciéndose sales de plata no afectadas por la luz, a un nivel práctico se perdería detalle en el área de sombras), otro problema puede ser el sub-revelado (esto causaría una baja densidad, causando un afinamiento de punto durante el pasado de planchas, al atravesar la luz el área imagen del fotolito y afectar excesivamente a la emulsión de la plancha).

Temperatura del revelador

Para que el revelador actúe, se hace necesario calentarlo hasta una temperatura determinada (aproximadamente de 25 a 35 grados, dependiendo de lo recomendado por el fabricante).

Por debajo de estas temperaturas el revelado no sería correcto y podrían aparecer áreas con densidad baja.

Agotamiento del revelador

Son dos las causas por las que el revelador se agota. Por un lado, la exposición al aire, provoca la oxidación del revelador (fácilmente detectable ya que el revelador en los depósitos se oscurece) por otra dependiendo de la cantidad de película revelada, el revelador va cediendo componentes (sustancia reductora) a la película fotográfica, con lo que el revelador pierde sus propiedades. Para solucionar este problema se emplea la regeneración, esto consiste en aportar cantidades determinadas de revelador fresco al revelador en uso, mediante las bombas y bidones de la procesadora. La cantidad de revelador a regenerar, depende de la cantidad de película, tipo de imagen (positivo o negativo) y de las condiciones ambientales del laboratorio.

Agitación

Para conseguir un revelado uniforme de toda la superficie de la película, se hace necesario mantener un flujo de revelador en movimiento sobre el material sensible. La aparición en la película con áreas de diferente densidad es síntoma de un problema en la agitación.

Disolución

Es importante respetar las proporciones de diluyente (agua) y el revelador a la hora de su preparación, estas proporciones vienen determinadas por el fabricante y suelen estar indicadas en las botellas de revelador. Si se produce un incremento del diluyente con respecto al revelador, esto causa una densidad baja en la emulsión.

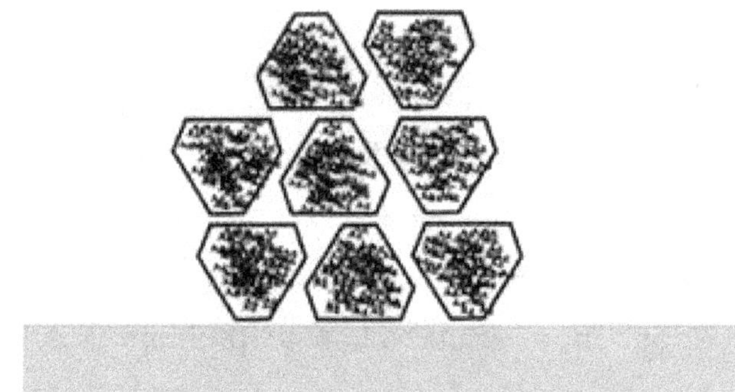

Cristales expuestos y fijados

Tipos de reveladores

Actualmente los diferentes fabricantes de productos para artes gráficas nos ofrecen una amplia gama de químicos de procesado, a grandes rasgos estos reveladores se pueden agrupar en tres tipos principales:

Revelador tipo LITH

- Ventajas:

- Las características de punto duro producen tramados excelentes para una reproducción dimensionalmente fiel.

- Inconvenientes:

- Difícil de controlar, sensibilidad extrema a los mínimos cambios en la concentración de los ingredientes activos.

- Generalmente inestable y no permite la tolerancia en la composición del revelador, el tiempo ni en la temperatura.

- Disminuye las características de alto contraste de texto, diseños y otros pequeños detalles fotográficos con un perfil de exposición binario.

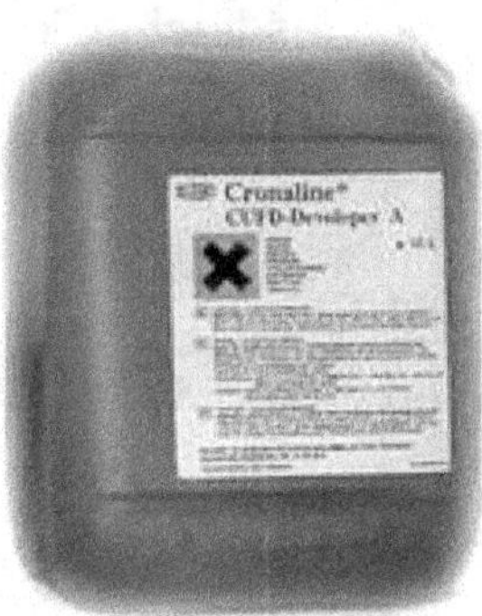

Revelador

Revelador tipo Rápido Acceso

- Ventajas:

  - Proceso rápido

  - Permite mezclar y combinar productos de procesado

  - Mucho más estable que el Lith

  - Latitud de procesado más amplia

- Inconvenientes:

  - El punto de trama obtenido mediante el revelado Rapid Access es considerado como punto blando

Revelador tipo Híbrido

- Ventajas:

  - Emula la calidad del punto Lith

- Se acerca a la velocidad de procesado Rapid Access

- Inconvenientes:

- Inestable y sensible a las fluctuaciones de revelado

- Necesita productos químicos especiales

Emulsiones de formas impresoras

Para trasladar la imagen obtenida en la película a la forma impresora determinados sistemas utilizan a su vez otra emulsión similar a la utilizada en la película y que tiene el mismo fin. Los procedimientos en que se utiliza una emulsión fotosensible en la actualidad son el offset y la serigrafía.

Offset

Actualmente se utilizan planchas presensibilizadas, es decir, planchas que incorporan una película fotosensible ya dispuesta en la fábrica. En sus orígenes esta película fotosensible se aplicaba en la propia imprenta, pero dada la escasa fiabilidad de los resultados, las empresas suministradoras pronto comenzaron a proveer planchas que incorporaban emulsiones más fiables.

Sensibilidad

En función de cómo reaccionen ante la luz se pueden clasificar las emulsiones en dos grandes grupos:

- Las que reaccionan haciéndose insolubles después de expuestas.

- Las que reaccionan haciéndose solubles tras la exposición.

Composición

La emulsión consta de un coloide, substancia que disgregada en un líquido aparece como disuelto pero que no se difunde con su disolvente si tiene que atravesar ciertas láminas porosas, (un producto de tipo resínico), una substancia reactiva sensible a la luz que activa los procesos de transformación y aditivos que mejoran las propiedades tales como tensoactivos, colorantes, etc.

- Entre las substancias empleadas como fijadores se encuentran:

El alcohol polivinílico. Substancia soluble en agua, con gran sensibilidad si se incorporan los aditivos adecuados, y gran 201arábiga de endurecimiento que permite el revelado con agua tras la exposición.

Derivados sintéticos de la goma 201arábiga. La goma arábiga es una substancia de origen natural de carácter ácido muy empleada en los procesos de copia en la industria gráfica.

Dada la natural inconstancia de los productos naturales se sustituye por derivados de laboratorio con mayor fiabilidad.

- Entre los sensibilizadores más comúnmente empleados se encuentran:

Sales de cromo. Substancias de gran sensibilidad, aunque tóxicas de ahí que tiendan a sustituirse por otras menos perjudiciales para la salud humana.

Substancias diazoicas. Productos en general solubles en agua y utilizadas por lo tanto en emulsiones en las que se emplea alcohol polivinílico. Al ser neutro permite conservar las planchas por más tiempo.

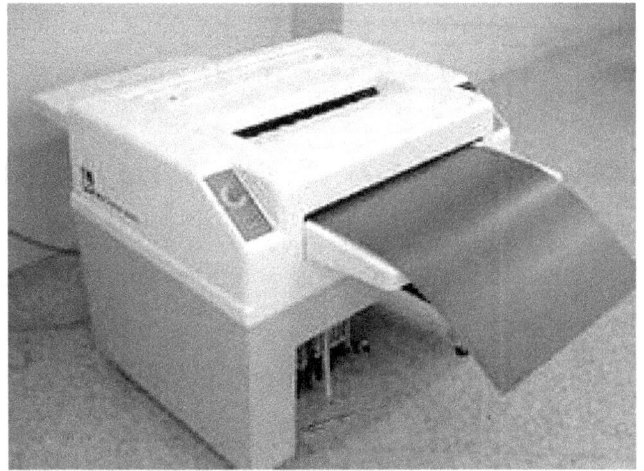

Procesadora

Offset

Procesado de planchas

Se realiza en procesadoras de planchas y el proceso es muy similar al procesado de la emulsión de una película convencional:

Revelado

La sustancia reductora del revelador afectará a las zonas de la emulsión sobre las que ha incidido la luz durante el proceso de insolación o filmación.

Fijado

La emulsión no afectada por la luz será disuelta por el fijador. De igual forma que en el revelado de película, el fijador actúa como baño de paro, debido a su composición ácida, deteniendo la acción del revelador.

Lavado

Se realiza bajo un flujo constante de agua eliminándose todo resto de productos químicos. Esta fase es importante ya que un mal lavado provocaría el amarilleamiento de soporte a medio-largo plazo.

Secado

Mediante aire caliente se evapora toda la humedad de la superficie, y la forma queda lista para procesos posteriores.

Planchas procesadas

Todas estas operaciones se realizan de manera automática y controlable mediante la procesadora.

Emulsiones de formas impresoras

Serigrafía

Actualmente se utilizan emulsiones fotopoliméricas, que pueden variar en su composición en función del tipo de trabajo que se va realizar.

La emulsión serigráfica se presenta en botes que deben ser protegidos de la luz y el resto de agentes que pudieran afectar a sus capacidades y se debe aplicar mediante una raedera por ambos lados de la malla siguiendo un proceso pautado que permite obtener buenos resultados.

Aplicación de la emulsión

Procesado

Una vez aplicada la emulsión e insolada la pantalla, se debe eliminar la emulsión no fijada mediante chorro de agua con la suficiente presión y posteriormente secar.

Esquema-resumen

Recuerda que...

La emulsión es uno de los materiales más importantes de muchos procesos de reproducción en las Artes Gráficas.

La emulsión está constituida por sustancias que tienen la propiedad de variar a recibir luz, son fotosensibles.

Existen diversos tipos de emulsiones que tienen un distinto comportamiento ante distintas fuentes de luz.

La emulsión que forma la imagen que se va a imprimir debe resistir los procesos posteriores de impresión y el contacto continuado con el resto de elementos.

Glosario

Anillos de Newton: Efecto óptico consistente en la formación de anillos concéntricos de diferentes colores, que aparece al superponer dos materiales plásticos. Aparecen en función de la humedad o temperatura ambiente, así como del tipo y calidad de los materiales.

Estabilidad dimensional: Propiedad que tienen los cuerpos de mantener sus dimensiones. La temperatura y manipulación del procesado pueden producir variaciones (de décimas de milímetros) en el tamaño de las películas o fotolitos, dando lugar a una falta de ajuste o registro en las separaciones de color.

Filmación: Exposición mediante la fuente luminosa de la película fotográfica o de la forma impresora.

Ion: En la electrólisis, las substancias que aparecen cada una en un polo como resultado de la descomposición del electrolito.

Mate: Superficie que no presenta brillo puesto que refleja difusamente la luz.

Partículas: Pequeñas partes en que se divide una substancia. Por ejemplo, las sales de plata que se dispersan en la emulsión.

Poliéster: Plástico artificial obtenido mediante la polimerización de ésteres.

Regeneración: Procedimiento que permite la renovación del revelador o fijador en la procesadora. Añadiendo revelador o fijador fresco, mediante unos depósitos y unas bombas, a los baños de la procesadora para sustituir o compensar el desgaste o agotamiento del químico.

Resinas: Substancias muy adhesivas, orgánicas o inorgánicas, sólidas o semisólidas, transparentes o translucidas, solubles en alcohol.

Evaluación

1. Una alta proporción de regeneración significa una menor cantidad de químicos, no solamente es bueno para el medio ambiente, también reduce la cantidad de manipulación de desechos químicos, ahorrando tiempo y dinero.

- ☐ Verdadero
- ☐ Falso

2. Un aspecto importante, en el manejo de la película fotográfica, es la de determinar el lado emulsión y el lado soporte, ya que habitualmente la exposición del material sensible se realiza por el lado emulsión.

- ☐ Verdadero
- ☐ Falso

3. El reductor.

- ☐ Ennegrece las sales de plata expuestas a la luz.
- ☐ Aumenta la energía de la sustancia reductora para reducir el tiempo de revelado.
- ☐ Protege la reductor de la oxidación por medio del oxígeno del aire.
- ☐ Reacciona con el revelador oxidado evitando que obscurezca y manche la emulsión.

4. El soporte de una emulsión fotográfica.

- ☐ Es de poliéster.

- ☐ Es de aluminio.
- ☐ Es de nylon.
- ☐ Es de papel.

5. Las emulsiones de las denominadas películas pancromáticas.

- ☐ Son sensibles a todas las luces.
- ☐ Son sensibles a todas las luces excepto a las amarillas.
- ☐ Son sensibles a todas las luces excepto a las rojas.
- ☐ Solo son sensibles a las luces ultravioletas.

6. En el fijado.

- ☐ El reductor disolverá las sales de plata no afectadas por la luz durante la insolación o filmación.
- ☐ Se disolverán las sales de plata no afectadas por la luz durante la insolación o filmación.
- ☐ Se evaporarán las sales de plata afectadas por la luz durante la insolación o filmación.
- ☐ Amarillearán las sales de plata afectadas por la luz durante la insolación o filmación.

7. La imagen latente.

- ☐ Se forma en la capa antihalo.
- ☐ Se forma en la emulsión.
- ☐ Se forma en el soporte.
- ☐ Se forma en la capa dorsal.

8. En el revelado.

- ☐ El reductor ennegrecerá las sales de plata afectadas por la luz durante la insolación o filmación.

- ☐ El fijador ennegrecerá las sales de plata afectadas por la luz durante la insolación o filmación.

- ☐ Durante el proceso de lavado se ennegrecerán las sales de plata afectadas por la luz durante la insolación o filmación.

- ☐ Durante el proceso de secado se ennegrecerán las sales plata afectadas por la luz durante la insolación o filmación.

9. El conservante.

- ☐ Ennegrece las sales de plata expuestas a la luz.

- ☐ Aumenta la energía de la sustancia reductora, para reducir el tiempo de revelado.

- ☐ Protege al reductor de la oxidación por medio del oxígeno del aire.

- ☐ Reacciona con el revelador oxidado, evitando que obscurezca y manche la emulsión.

10. La emulsión está formada por.

- ☐ Gelatina.

- ☐ Poliéster.

- ☐ Sales de plata.

- ☐ Nylon.

Bibliografía

Burden, La foto-reproducción en las Artes Gráficas, Ediciones Don Bosco, Barcelona 1978.

Formentí/Reverte, Color y Reproducción, la imagen gráfica, Fundació de Industries Grafiques de Barcelona, Barcelona 1993.

Formentí/Reverte, Preimpresión: tratamiento de la imagen, Fundació de Industries Grafiques de Barcelona, Barcelona 1999.

Varios, Preimpresión digital en color, volúmenes 1,2,3 y 4, Edita AGFA, Bélgica 1990-1995.

Kieran, Desktop Publishing in Color, The Bantam Book, Canada 1991.

Casals, Offset: control de calidad, Editorial Tecnoteca, Barcelona 1985.

Brehm, Introducción a la densitometría, Editorial GCA, Barcelona 1992.

Casals, Gestión de calidad total (TQM) en Artes Gráficas, Editorial Tecnoteca 1992.

Fioravanti, Diseño y reproducción, Editorial Gustavo Gili, Bolonia 1984.

Propiedades de las formas impresoras

Propiedades de las formas impresoras planográficas

La mayoría de los sistemas de impresión utilizan una forma o molde para reproducir copias del original en un soporte. La forma o molde es tratado de tal manera que, en unas zonas, contragrafismos, no recibe la tinta o se limpia y en otras zonas, grafismos, recibe la tinta. Las diferencias para delimitar esas zonas determinan los distintos sistemas de impresión.

En las formas impresoras planográficas las zonas imagen y las zonas no imagen –grafismos y contragrafismos– están en el mismo nivel por lo que la distinción entre áreas se debe realizar por medios químicos, eléctricos o magnéticos.

Formas de offset. Descripción

Son formas con delimitación química entre las zonas impresoras y las no impresoras.

El sistema se basa en la repulsión agua-tinta. La forma impresora –que en este caso recibe el nombre de plancha– recibe un tratamiento químico de tal manera que la zona a imprimir acepte un producto graso como la tinta y la zona que no se va a imprimir, por el contrario, acepte el agua.

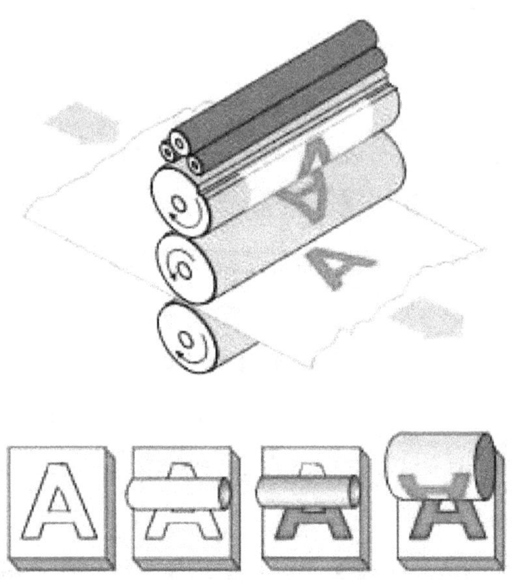

Forma planográfica

Propiedades fisicoquímicas de las formas impresoras offset

Las propiedades fisicoquímicas son aquellas que derivan de la conformación física y química de la forma impresora y que determinan el comportamiento y duración de ésta durante la impresión.

- Flexibilidad.

- Estabilidad dimensional.

- Granulado del aluminio en la plancha de offset convencional y para CTP.

- Dureza superficial del aluminio en la plancha de offset convencional y CTP.

- Humectabilidad.

- Resistencia a los agentes químicos.

- Formación de sales hidrófilas.

Flexibilidad

Offset convencional

La lámina de metal que forma el soporte debe poseer una adecuada flexibilidad puesto que la plancha debe adaptarse a un cilindro –el cilindro portaplanchas– y se le debe doblar para que quede fijada al mencionado cilindro. La lámina debe doblar sin perder sus propiedades de resistencia en la zona de la doblez y mantenerlas durante la tirada.

En la actualidad el metal que mejor cumple estas condiciones sumadas con otras de carácter químico es el aluminio, metal dúctil y maleable que por lo tanto se puede extender en una fina lámina de diferente grosor en función del formato de la plancha.

Offset sin agua

En este caso la lámina debe poseer mayor flexibilidad puesto que ésta va enrollada en el interior de la máquina siendo en este caso una capa plástica que realiza la función de soporte y una fina lámina de metal que puede ser titanio u otro metal con propiedades semejantes que realiza la función de aceptación de la tinta –oleofilia– y evita que el láser pueda dañar la lámina de plástico que hace la función de soporte.

En este caso se sacrifica resistencia puesto que estas planchas que se graban directamente en la máquina no soportan grandes tiradas.

Planchas para sistemas CTP –computer to plate–

Estas planchas tienen las mismas características de flexibilidad que las planchas de offset convencional.

Estabilidad dimensional

Común para todas las variantes. La lámina de metal o plástico que forma el soporte debe ser muy estable dimensionalmente puesto que de ello dependerá el adecuado registro de los colores y por lo tanto la calidad final de la impresión.

El aluminio conjuga la flexibilidad necesaria para poder adaptarse a las condiciones de impresión sobre rodillos y la estabilidad dimensional adecuada para mantener un registro perfecto. En el caso de las planchas para offset sin agua y las planchas de poliéster tal función lo cumple este plástico uno de los más estables en este sentido.

Granulado del aluminio en la plancha offset convencional y para CTP

Para que se den las condiciones óptimas para la delimitación de las zonas impresoras de aquellas que no se deben imprimir, y que, por lo tanto, el proceso de impresión pueda realizarse con calidad, es esencial que se prepare la superficie del aluminio de tal manera que se obtenga una superficie granulada.

La formación del grano es una de las fases importantes de fabricación de la plancha de offset convencional. Antiguamente se realizaba mediante cepillado con cepillos de acero, pero en la actualidad en proceso se realiza por electrólisis, formándose en la superficie del metal un grano que se controla en cuanto a su profundidad y diámetro.

Los procesos posteriores de anodizado refuerzan esta estructura que se convierte de esta manera en una buena superficie para la aplicación de la emulsión y gana en capacidad de humectación.

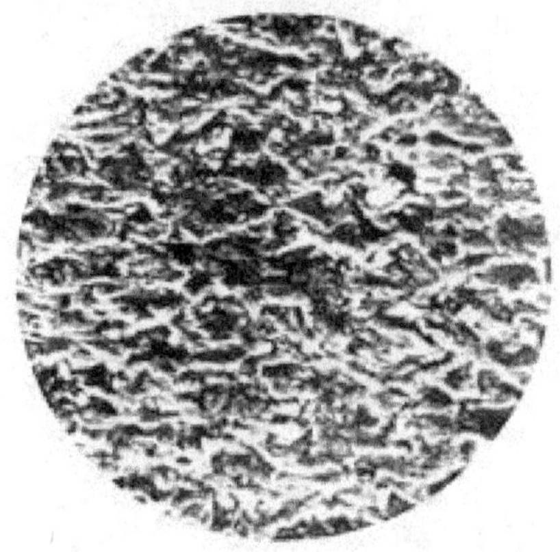

Detalle de grano de la plancha

Dureza superficial del aluminio en la plancha offset convencional y CTP

Durante el proceso de impresión, la forma impresora está sometida superficialmente a una serie de agresiones de lo más variado: las cargas y pigmentos que constituyen parte esencial tanto de las tintas como del papel son partículas sólidas con capacidad abrasiva que al entrar en contacto con la plancha con cierta presión tienden a desgastar ésta y rebajan su vida útil. Por lo tanto, durante el proceso de fabricación se procede a endurecer la superficie de la plancha mediante el anodizado de la misma. Con el anodizado se consigue que en la superficie de la plancha se obtenga un recubrimiento de óxido de aluminio, substancia que se caracteriza por su gran dureza.

La obtención de la dureza final de la plancha se completa con un endurecimiento por calor –termoendurecido– que consigue que las planchas aguanten grandes tiradas –que en algunos casos pueden sobrepasar el millón de impresiones– con lo que permite al procedimiento offset entrar en competencia directa e incluso desbancar al huecograbado.

Detalle de plancha cromada

Humectabilidad

Se refiere a la capacidad de la plancha de ser mojada por el agua. Es una propiedad directamente relacionada con el graneado de la plancha y con las propiedades químicas. La plancha sin granear no cumple los requisitos necesarios para conseguir la diferenciación necesaria entre las zonas imagen y las zonas de no imagen.

El graneado aumenta la superficie de la plancha y establece puntos de anclaje de las sales hidrófilas que harán que esta superficie sea receptiva al agua.

Humectabilidad

Resistencia a los agentes químicos

Esta propiedad tiene que ver con la capacidad de la plancha de resistir a agentes químicos que entran en contacto con ella.

Durante el proceso de impresión, la plancha se ve sometida a un desgaste constante tanto físico como químico. Las tintas están compuestas de elementos químicos -grasas y resinas- que pueden afectar a termo endurecido los componentes de la plancha. La solución de mojado, ligeramente ácida a su vez puede atacar a los mismos componentes. La aplicación del anodizado aporta no solo resistencia física sino además química, proporcionando una superficie estable y muy resistente ante los agentes químicos.

Formación de sales hidrófilas

Fundamental para conseguir el grado de humectabilidad suficiente para que se diferencien las zonas impresoras de las no impresoras. Las sales hidrófilas se forman en la superficie de la plancha cubriendo aquellas zonas en las que tras el proceso de exposición ha desaparecido la emulsión. Estas sales forman un buen anclaje para la solución de mojado que cubrirán de esta forma las zonas no impresoras.

Formatos comerciales

Las planchas de offset actuales están elaboradas con una lámina de aluminio de diferente grosor en función del formato final y están presensibilizadas para facilitar la tarea de obtención de la imagen. Existen variantes en cuanto a la estructura que tiene que ver con la evolución actual del offset: sistemas que no necesitan agua y sistemas que graban directamente la plancha saltándose el paso tradicional de grabación previa de la película. Existen múltiples formatos debiéndose hablar a efectos de clasificación de formatos pequeños, medianos y grandes.

- Formatos pequeños. Hasta 35 x 50 cm.
- Formatos medianos. Desde 35 x 50 cm y hasta 70 x 100 cm.
- Formatos grandes. Por encima de 70 x 100 cm.

Influencia en el producto terminado

Reconocimiento de los impresos por las huellas que genera una plancha de offset:

La plancha de offset delimita las zonas impresoras de las zonas no impresoras por medios químicos.

La delimitación es tal que los bordes de las imágenes quedan perfectamente recortados, circunstancia notoria en los bordes de las letras impresas con una sola tinta.

Offset

Reconocimiento sistema offset

Propiedades de las formas impresoras en hueco

Introducción general

La mayoría de los sistemas de impresión utilizan una forma o molde para reproducir copias del original en un soporte.

La forma o molde es tratado de tal manera que, en unas zonas, contragrafismos, no recibe la tinta o se limpia y en otras zonas, grafismos, recibe la tinta. Las diferencias para delimitar esas zonas determinan los distintos sistemas de impresión.

En las formas impresoras en hueco las zonas imagen está grabada en bajorrelieve, la tinta cubre los huecos eliminándose de las zonas no hundidas mediante una rasqueta de metal y posteriormente se presiona sobre el soporte de impresión transfiriéndose a éste.

Cilindros en huecograbado. Descripción

Son cilindros de cobre grabados con ácidos, tallados con punta de diamante o con láser según sea el método empleado. Se caracterizan por su gran resistencia y durabilidad. Las tintas tienen que ser fluidas para penetrar en los alvéolos y posteriormente salir cuando el cilindro presiona sobre el soporte de impresión.

Forma en hueco

Propiedades fisicoquímicas de los cilindros de huecograbado

Las propiedades fisicoquímicas son aquellas que derivan de la conformación física y química de la forma y que determinan el comportamiento y duración de ésta durante la impresión.

- Lisura

- Dureza

- Galvanizado

Propiedades fisicoquímicas de los cilindros de huecograbado

Lisura

La superficie del metal debe ser perfectamente lisa para que no retenga nada de tinta. En huecograbado el sistema aplica tinta a todo el rodillo, parte de la tinta se introduce en los alvéolos y parte permanece sobre la superficie debiéndose retirar con una cuchilla. Si el cilindro no es lo suficientemente liso la cuchilla sufrirá un desgaste excesivo durando menos y restos de tinta pueden permanecer en la superficie -correspondiente a las zonas de no imagen- con lo que se conseguirá una imagen irregular manchada de tinta en los contragrafismos.

La lisura del rodillo se determina en el proceso de fabricación puesto que el cromado posterior se adapta a la superficie y por lo tanto no es determinante.

Dureza

El huecograbado es el sistema de las grandes tiradas. El cilindro debe ser lo suficientemente duro en sus recubrimientos para aguantar tiradas de más de un millón de ejemplares y sin embargo lo suficientemente blando como para poder ser grabado sin demasiadas complicaciones.

Esta aparente contradicción se supera utilizando cilindros de cobre -un metal blando, fácilmente manipulable- para la grabación de los alvéolos y posteriormente someter al cilindro grabado a un baño electrolítico para cubrirle con una fina capa de cromo -metal muy duro-.

Galvanizado

Por galvanizar se entiende la acción de depositar una capa de metal sobre otro por medio de una corriente eléctrica. Se realiza en una cuba galvánica que es la máquina donde se realiza la operación. El cobre se deposita sobre el cilindro metálico que sirve de base mediante la técnica de la electrólisis. El cilindro a recubrir actúa de cátodo y recibe una capa de cobre que puede variar de espesor en función de la duración del procedimiento.

Formatos

No existen formatos específicos para los cilindros de huecograbado, el formato dependerá del tipo de máquina impresora.

Existen máquinas con un ancho de pocos centímetros normalmente destinadas a la impresión de película flexible y máquinas de banda ancha -puede superar el metro- para la impresión en papel de revistas y productos similares.

Influencia en el producto terminado

Este procedimiento de impresión siempre ha requerido de superficies perfectamente lisas para que la transferencia de tinta del cilindro al soporte fuera lo más eficaz posible. Si la forma impresora no entraba en contacto con el soporte de impresión la transferencia de tinta no tendría lugar y por lo tanto quedarían zonas sin imprimir. Este defecto se minimiza en la actualidad al aplicar técnicas de expulsión asistida de la tinta del alvéolo (aplicación de cargas electrostáticas).

Para evitar la posible falta de contacto del cilindro de impresión con el soporte se aplica una fuerte presión que debe ser compensada por el grado de compresibilidad del soporte y que pudiera afectar a la estructura de este si se sobrepasan sus rangos de tolerancia.

Reconocimiento de los impresos por las huellas que genera el cilindro de hueco

El grabado del cilindro, delimitando las zonas impresoras mediante celdas donde se deposita la tinta que formará la imagen, hace que los textos a un solo color presenten un dentado característico en sus bordes.

Huecograbado

Reconocimiento sistema huecograbado

Propiedades de las formas impresoras en relieve

Introducción general

La mayoría de los sistemas de impresión utilizan una forma o molde para reproducir copias del original en un soporte. La forma o molde es tratado de tal manera que en unas zonas -contragrafismos- no recibe la tinta o se limpia y en otras zonas -grafismos- recibe la tinta. Las diferencias para delimitar esas zonas determinan los distintos sistemas de impresión.

En las formas impresoras en relieve las zonas imagen está grabada en relieve, la tinta se deposita sobre las zonas que sobresalen y de éstas se transfieren al soporte.

Forma en relieve

Clichés tipográficos

En la actualidad son fotopolímeros rígidos, es decir, substancias que se caracterizan porque se endurecen -polimerizan- volviéndose totalmente duras cuando se les aplica luz.

Clichés flexográficos

Son fotopolímeros flexibles, es decir, substancias que tienen la propiedad de endurecerse -polimerizar- manteniendo un controlado grado de elasticidad cuando se les aplica luz ultravioleta.

Fotopolímeros flexibles

Propiedades fisicoquímicas de los fotopolímeros

Las propiedades fisicoquímicas son aquellas que derivan de la conformación física y química de la forma impresora y que determinan el comportamiento y duración de ésta durante la impresión.

- Dureza
- Tensión superficial
- Composición

- Reacción ante los ultravioletas

- Resistencia a los disolventes.

Dureza

Se trabaja con varias durezas dependiendo de la aplicación:

- Los clichés tipográficos tienen una elevada dureza equiparable a la del metal que sustituyen.

- Los clichés flexográficos estándar tienen una dureza en torno a los 38 - 40 grados Shore.

- Para la impresión de soportes con superficie irregular se utilizan clichés blandos entre 25 y 38° shore.

Se puede incorporar una capa en superficie con una dureza mayor para evitar la ganancia de estampación propia de este sistema. Esta capa de refuerzo dispone de una dureza en torno a los 50° Shore.

- Para la impresión de soportes con superficie muy lisa se utilizan clichés duros entre 40 y 60° Shore.

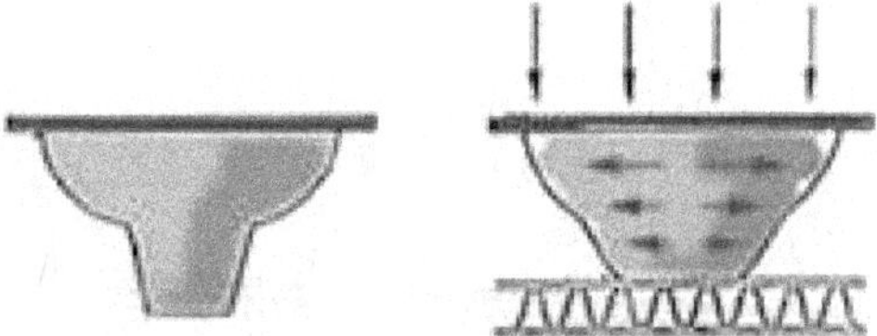

Comportamiento de los clichés flexográficos I (normal)

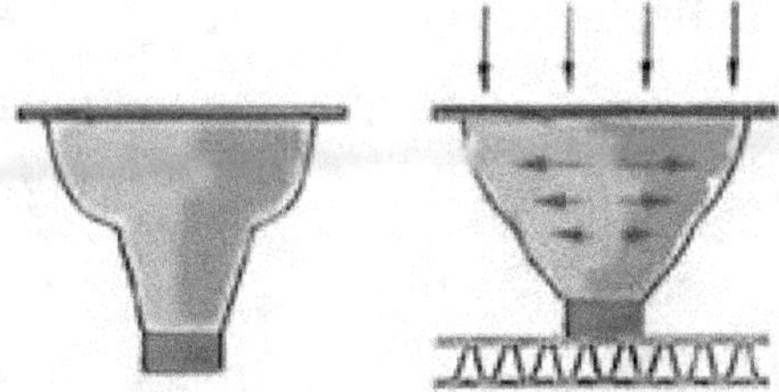

Comportamiento de los clichés flexográficos II
(capa superficial de mayor dureza)

Tensión superficial

La tensión superficial es la fuerza que actúa en la superficie de una substancia debida a la atracción de las moléculas entre sí. Es pues, una fuerza perpendicular a la superficie e interactúa con otras substancias con las cuales la primera entra en contacto. La tensión superficial de los clichés tipo y flexográficos está relacionada directamente con la aceptación de la tinta, a mayor tensión superficial mejor aceptación de la tinta y, por lo tanto, mejor transferencia al soporte.

Composición

A base de caucho o fotopolímeros.

Caucho: Polímero de origen natural obtenido a partir de un árbol tropical. El material obtenido es una sustancia elástica. El caucho sintético es un material similar al natural obtenido en laboratorio y que tiene mejores prestaciones. Ambos tipos de cauchos se han visto relegados para la obtención de las formas impresoras en relieve por los desarrollos de los plásticos fotopoliméricos.

Fotopolímeros: Substancias que tienen la propiedad de unir sus moléculas -monómeros- entre sí por efecto de una radiación luminosa -en este caso, radiación ultravioleta- formando moléculas que son la suma de las moléculas simples, macromoléculas, polímeros, y que hacen que la substancia tenga características que son diferentes de la substancia de origen.

Existen diversos desarrollos en este campo y varias empresas del sector ofrecen soluciones que están convenientemente patentadas.

Reacción ante los ultravioletas

Los fotopolímeros empleados actualmente en las formas tipo y flexográficas. Estos fotopolímeros, independientemente del fabricante, se caracterizan por su reacción ante la luz ultravioleta.

La luz ultravioleta aplicada puede variar dependiendo del tipo de plancha, su formato y grado de dureza deseada, en general las radiaciones para la polimerización se mueven en una banda de entre los 250 -300 nanómetros.

Se puede aplicar una radiación posterior una vez que el cliché se ha relevado para endurecer la superficie y eliminar impurezas. Esta radiación se encuentra en el mismo rango.

Resistencia a los disolventes

Una vez aplicada la radiación, ésta hace polimerizar las partes con las que entra en contacto. Posteriormente el cliché es sometido a un baño para eliminar aquellas partes que no han polimerizado.

Las zonas polimerizadas deben ser resistentes a los disolventes empleados en el revelado y a los que puedan incorporar las tintas.

Propiedades de las formas impresoras en relieve

Formatos

No existen formatos específicos para los clichés fotopoliméricos, el formato dependerá del tipo de máquina impresora.

Existen máquinas con un ancho de pocos centímetros normalmente destinadas a la impresión de película flexible, máquinas que se adaptan a los formatos normalizados y máquinas de banda ancha -puede superar el metro- para la impresión de cartoncillos, cartones y productos similares.

Cliché flexográfico

Influencia en el producto terminado

Reconocimiento de los impresos por las huellas que genera el cliché fotopolimérico: La forma en relieve delimita las zonas impresoras de las zonas no impresoras por medios mecánicos. La delimitación es tal que al presionar se produce en efecto squash, es decir un cierto escurrimiento de la tinta hacia los bordes, mostrando zonas más claras en la zona impresa, circunstancia notoria en los bordes de las letras impresas con una sola tinta.

Reconocimiento los sistemas en relieve
(flexografía, tipografía)

Propiedades de las formas impresoras permeográficas
Introducción general

La mayoría de los sistemas de impresión utilizan una forma o molde para reproducir copias del original en un soporte. La forma o molde es tratado de tal manera que en unas zonas - contragrafismos- no recibe la tinta o se limpia y en otras zonas - grafismos- recibe la tinta. Las diferencias para delimitar esas zonas determinan los distintos sistemas de impresión. En las formas impresoras permeográficas las zonas imagen están delimitadas por la malla que no ha quedado tapada con la emulsión endurecida, la tinta traspasa los huecos que quedan allí donde la emulsión ha sido eliminada al no haber reaccionado y por lo tanto no haber solidificado.

Pantalla de serigrafía

Existen distintas variedades en función de las múltiples aplicaciones posibles. Fundamentalmente las pantallas de serigrafía constan de un bastidor sobre el que se tensa una malla de plástico o metal.

Forma permeográfica

Propiedades fisicoquímicas de las pantallas de serigrafía

Las propiedades fisicoquímicas son aquellas que derivan de la conformación física y química de la forma impresora y que determinan el comportamiento y duración de ésta durante la impresión.

- Tipo de tejido

- Tensado

- Número de hilos

- Diámetro de los hilos

- Resistencia a las tintas y disolventes.

Tipos de tejido

Existen distintos tipos de tejidos empleados para la constitución de la pantalla. En la actualidad se utilizan tejidos sintéticos y metálicos. La utilización de un tipo u otro depende de las características del trabajo: unos tejidos se adaptan mejor que otros a determinadas circunstancias: abrasividad, tensión, rugosidad superficial del soporte a imprimir...

- Tejidos plásticos monofilamento

Son tejidos sintéticos de un solo filamento uniforme. En general se caracterizan por su elasticidad y estabilidad ante los cambios en las condiciones ambientales.

Destacan los tejidos monofilamentos de poliéster y nylon. El poliéster manifiesta una resistencia el calor mayor pero una resistencia a la fricción menor que el nylon.

Su resistencia a los álcalis es sensiblemente menor, sin embargo, tiene una resistencia mayor a los óxidos.

Tejido nylon monofilamento

Tejido poliéster monofilamento

- Tejidos plásticos multifilamento

En este caso son tejidos sintéticos que se elaboran a base de muchos filamentos entretejidos que unidos forman un solo hilo. Aportan características similares a los monofilamentos.

Tejido poliéster multifilamento

Propiedades fisicoquímicas de las pantallas de serigrafía
Tensado

Factor crítico para una adecuada impresión en serigrafía. Las pantallas deben estar correctamente tensadas para que dispongan de la resistencia, la elasticidad y la adherencia adecuadas.

La tensión debe ser uniforme en toda la pantalla y debe ser la adecuada para que la separación con respecto al soporte tras la impresión sea rápida y limpia manteniéndose tal tensión el mayor tiempo posible. Los hilos deben estar paralelos al marco sin distorsión de ningún tipo.

Sistema neumático para la tensión de la malla

Es muy importante por lo tanto medir la tensión y controlarla adecuadamente durante los procesos de impresión y almacenamiento.

Existen varios métodos para controlar la tensión de la pantalla de serigrafía:

- Por porcentaje de alargamiento

- Con un manómetro

- Con un kilogramómetro

- Con un medidor de la tensión especial (tensiómetros)

El último método es el más efectivo puesto que se utiliza un aparato especializado en tal menester, siendo por este motivo el más costoso dada la inversión a realizar en el aparato.

El aparato consta de una sonda que presiona sobre el tejido tensado y que expresa su resultado en Newton por centímetro.

La tensión recomendada depende del tejido y de la lineatura. Todos los fabricantes proporcionan valores recomendados que se deben tener en cuenta.

Número de hilos

Las pantallas de serigrafía pueden presentar un mayor o menor número de hilos por unidad de longitud lo que permitirá conseguir mayores o menores resoluciones de salida. La adopción de una pantalla con un mayor o menor número de hilos los determina el tipo de trabajo que se vaya a realizar en cuanto a las características del soporte y el grado requerido de calidad en la ejecución y el acabado.

El número de hilos se expresa en hilos por centímetros o hilos por pulgada y el rango es amplio desde los 20 hilos/cm de las pantallas abiertas propias para la impresión de ciertos productos textiles hasta aquellas que superan los 150 hilos/cm para trabajos especiales.

Diámetro de los hilos

Se refiere al grosor del hilo expresado en micras. Es una característica importante puesto que el grosor del hilo determina el grosor de la capa de tinta depositada -también expresada en micras-. Los diámetros oscilan entre las 20 micras aproximadamente de los tejidos más finos hasta las 500 micras que puede tener una malla gruesa.

Las mallas elaboradas con tejido fino permiten reproducción de detalles que las mallas con tejido grueso no consiguen, por el contrario, tienen una menor resistencia en todos los sentidos bien sea a los productos químicos o a la abrasión.

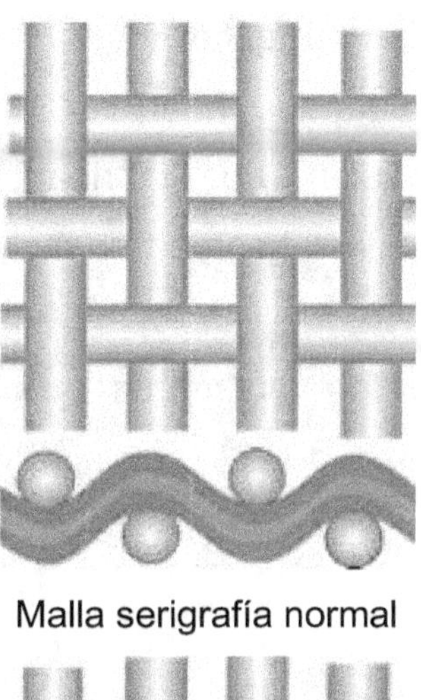

Malla serigrafía normal

Malla serigrafía gorda

Resistencia a las tintas y disolventes

Depende del tipo de tejido empleado. Se debe tener en cuenta que tinta se va a emplear los productos de preparación y limpieza de la pantalla.

Los tejidos de poliéster presentan una alta resistencia a los ácidos. La resistencia a los agentes alcalinos no es tan elevada y en general tiene un peor comportamiento que el nylon. Por lo demás los disolventes no afectan a las propiedades de tracción ni a su elasticidad, aunque hay disolventes que deben ser utilizados con precaución. Los fabricantes aportan listas de disolventes y recomendaciones de uso que deben ser tenidas en cuenta.

Los tejidos de nylon son totalmente resistentes a los agentes alcalinos, pero son atacados por los ácidos hecho que hay que tener en cuenta al tratar con pantallas elaboradas con este tejido.

Influencia en el producto terminado

Reconocimiento de los impresos por las huellas que genera la pantalla

La pantalla delimita las zonas impresoras de las zonas no impresoras por medios permeográficos (deja pasar la tinta por unas zonas y por otras no). La delimitación es tal que los bordes de las imágenes pueden manifestar irregularidades debido a los hilos, circunstancia notoria en los bordes de las letras impresas con una sola tinta.

Reconocimiento del sistema permeográfico (serigrafía)

Esquema-resumen

Recuerda que:

1. Las formas impresoras planográficas diferencian las zonas imagen y las zonas no imagen por medios químicos, eléctricos o magnéticos.

2. Las planchas de offset actuales se elaboran con aluminio al cual se le aplica una emulsión fotosensible.

3. Las planchas para offset sin agua no son de aluminio, sino que el soporte es de plástico y las zonas no impresoras de

silicona, por lo que para formar la imagen ésta se debe quemar con láseres.

4. Los fotopolímeros empleados actualmente para la elaboración de los clichés tipográficos y flexográficos tienen la propiedad de polimerizar al incidir sobre ellos una luz ultravioleta.

5. Los clichés flexográficos deben tener una determinada flexibilidad por lo que debe ser controlada su dureza.

6. Los cilindros de huecograbado son de cobre puesto que se necesita un metal blando para que pueda ser grabado sin grandes problemas y posteriormente deben ser recubiertos de cromo mediante electrólisis para proporcionarles la dureza necesaria para aguantar grandes tiradas.

7. Las pantallas de serigrafía deben ser tensadas correctamente si no se quiere tener problemas en la impresión.

8. Se debe comprobar la resistencia de los tejidos de la malla serigráfica a los componentes de las distintas tintas antes de usarse.

Glosario

Acrilatos: Sales o ésteres del ácido acrílico

Anodizado: Procedimiento electroquímico en el cual la plancha forma el ánodo de una célula electrolítica. La reacción provoca que se obtenga oxígeno que se combina con el aluminio de la superficie produciendo óxido de aluminio.

Bastidor: Marco de madera, plástico o metal que sirve de fijación a la malla y que permite su tensado.

Carbonatos: Sales o ésteres del ácido carbónico.

Dúctil: Referido a los metales –como el aluminio– que mecánicamente se pueden extender en alambres o hilos.

Ésteres: Compuestos formados por la substitución del hidrógeno de un ácido por un radical alcohólico.

Etileno: C_2H_4 Compuesto intermedio de la química orgánica importante para la elaboración de productos plásticos.

Grados shore: Unidad convencional de medida de la dureza de un material dado. Se corresponde con la altura del rebote de un objeto de control que se deja caer desde una altura dada sobre la superficie a controlar.

Maleable: Referido a los metales que mecánicamente se pueden extender en láminas o planchas. (como el aluminio)

Newton: Unidad de fuerza. Es la fuerza que produce una aceleración de un metro por segundo al cuadrado cuando actúa sobre una masa de un kilogramo.

Polimerización: Convertirse una substancia en otra de la misma composición, pero con características diferentes. Unión de monómeros en macromoléculas poliméricas.

Presensibilización: Operación que consiste en proporcionar a la forma impresora un recubrimiento fotosensible.

Termoformado: Proceso de formación de envases y materiales similares consistente en aplicación de calor y aplicación de este a un molde para que al enfriar adquiera la forma de éste.

Evaluación

1. Entre los métodos utilizados para medir la tensión de la pantalla de serigrafía se utiliza...

- ☐ Por porcentaje de alargamiento.
- ☐ Con un manómetro.
- ☐ Con un kilogramómetro.
- ☐ Con un tensiómetro.

2. Los tejidos monofilamentos...

- ☐ Se utilizan en las formas de impresión de serigrafía.
- ☐ Son fotopolímeros rígidos.
- ☐ Son de poliéster y nilón.
- ☐ Se utilizan en el procedimiento offset.

3. La forma impresora de offset...

- ☐ Debe poseer cierta flexibilidad.
- ☐ Debe ser estable dimensionalmente.
- ☐ Debe tener una superficie granulada.
- ☐ Debe tener una cierta dureza superficial para aguantar tiradas grandes.

4. Pantalla es el nombre por el que comúnmente se conoce a....

- ☐ La forma de impresión de offset.
- ☐ La forma de impresión de hueco.
- ☐ La forma de impresión de flexografía.
- ☐ La forma impresora serigráfica.

5. El metal utilizado como soporte de las planchas es...

- ☐ El hierro.
- ☐ El latón.
- ☐ Los metales no se emplean como soportes, son plásticos.
- ☐ El plomo.
- ☐ El aluminio.

6. En las formas impresoras planográficas...

- ☐ Las zonas imagen y las zonas no imagen están en el mismo nivel o plano.
- ☐ Las zonas imagen están en relieve.
- ☐ Las zonas imagen están en hueco.
- ☐ Las zonas imagen son permeables a la tinta.

7. La humectabilidad...

- ☐ Es una propiedad relacionada con la forma impresora de huecograbado.
- ☐ Es una propiedad relacionada con la forma impresora de offset.
- ☐ Es una propiedad relacionada con la forma impresora de flexografía.
- ☐ Es una propiedad relacionada con la forma impresora de serigrafía.

8. ¿Qué es un fotopolímero?

☐ Un tejido empleado en las pantallas de serigrafía.

☐ Un metal empleado en las formas de huecograbado.

☐ Una sal hidrófila.

☐ Una substancia que polimeriza con la luz.

☐ Un material complejo.

9. En los clichés flexográficos encontramos...

☐ Fotopolímeros

☐ Aluminio

☐ Cobre

☐ Acero

☐ Tejido de algodón

10. La aplicación del anodizado aporta no solo resistencia física sino además química a la forma impresora de offset, proporcionando una superficie estable y muy resistente ante los agentes químicos.

☐ Verdadero

☐ Falso

Bibliografía

–CASALS, RICARD. Aspectos tecno-económicos en la utilización de la plancha offset. Tecnoteca. Barcelona. 1985.

–CASALS, RICARD. Offset: control de calidad. Tecnoteca. Barcelona. 1987.

–MARK BEACH, PH.D.& ERIC KENLY, M.S. Getting in printed. North light books. Cincinnati. Ohio. 1998.

–CAPETTI, F. Técnicas de impresión. Ediciones Don Bosco. Barcelona. 1975.

–BANN, DAVID. Manual de producción para artes gráficas. Tellus. Madrid. 1988.

–MARTÍN, EUNICIANO y L, TAPIZ. Diccionario enciclopédico de las Artes e Industrias Gráficas. Ediciones Don Bosco. Barcelona. 1981.

–PEYSKENS, ANDRÉ. Fundamentos técnicos de la realización de pantallas para serigrafía. Saati. p.A. División serigráfica. Como. Italy 1989.

Comportamiento de formas impresoras, tintas y soportes

Sistemas de impresión planográficos

Los sistemas planográficos de impresión son aquellos que tienen las zonas impresoras y las zonas no impresoras en el mismo plano por lo que la delimitación entre unas zonas y otras se debe realizar mediante métodos químicos, eléctricos o magnéticos.

Los sistemas planográficos principales son el procedimiento offset derivado de la litografía y todos los sistemas englobados dentro de la electrografía.

Aún encontramos otro sistema planográfico en la magnetografía, pero este sistema de momento no está tan extendido como los sistemas anteriormente citados.

Offset

Comportamiento de la forma impresora

La forma impresora empleada en el sistema offset es una lámina de aluminio micrograneada en su superficie y sometida a diversos tratamientos para conseguir un mayor grado de endurecimiento y una emulsión fotosensible que servirá para delimitar las zonas que aceptan tinta de las que no deben aceptar tinta.

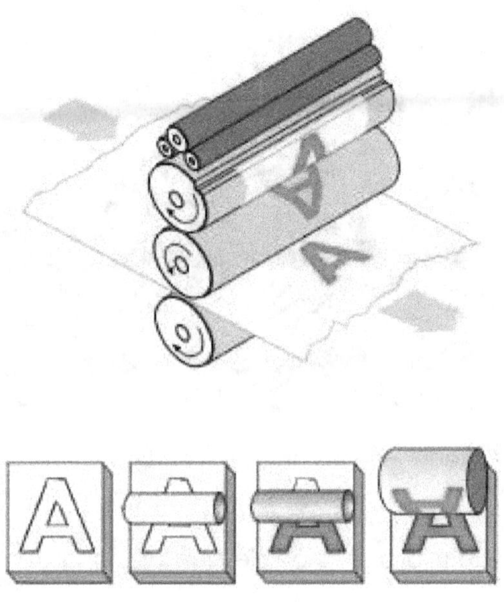

Sistema offset

Requisitos de comportamiento

– Reproductibilidad o buena delimitación de las zonas impresoras de las no impresoras

Hoy se exige una mayor calidad en cuanto a reproducción, entendida como fidelidad y constancia de color y mayores resoluciones de salida –lineatura– y todo ello sobre soportes con mayores exigencias.

Para ello la plancha debe ser fabricada de tal manera que permita una gran fidelidad de copia entendida como la capacidad de reproducir los puntos más pequeños, y con mayor motivo teniendo en cuenta las nuevas tecnologías que se están introduciendo de tramado de frecuencia modulada.

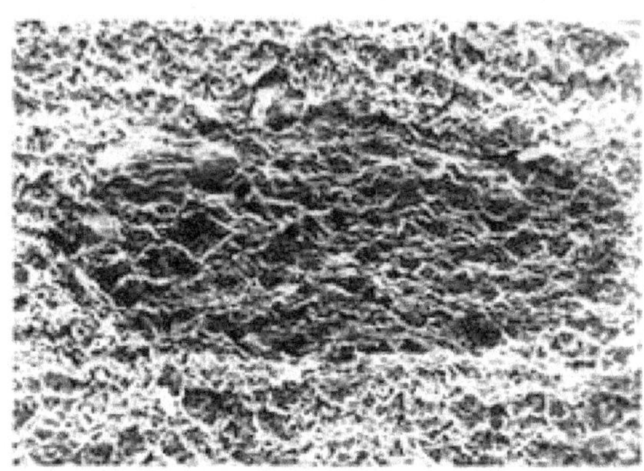

Graneado y punto de trama en la plancha offset

La capacidad de reproducción de una plancha de offset depende en cierta medida del micrograneado o tamaño de punto conseguido en la superficie –mayor o menor diámetro del punto, mayor o menor profundidad– y de la forma en que se reproduce el punto en la emulsión –ataque fotoquímico, mediante láser–.

Antiguo graneado con bolas de una plancha

Comportamiento de las tintas

La tinta de offset es el componente que transfiere el color al soporte y lo fija, preservándole de las agresiones externas. Su formulación debe ser tal que permita su adaptación a los sistemas industriales y que posteriormente resista el tiempo estimado de duración del impreso. Como quiera que es un sistema de delimitación química entre las zonas impresoras y no impresoras, se utilizan tintas grasas con base en aceites tanto vegetales como minerales, las cuales manifiestan un rechazo al agua, que va a ser el elemento que defina las zonas que no han de imprimirse.

Requisitos de comportamiento

– Reproductibilidad o fidelidad de color

Hoy a cualquier tinta se exige una mayor calidad en cuanto al color y su fijación a los más variados soportes. El color está establecido colorimétricamente en normas internacionales estandarizadas –normas UNE-EN-ISO– para los colores de la gama o se establece teniendo como referencia sistemas estándares oficiosos basados en guías de color elaboradas a partir de unas tintas básicas.

La tecnología actual en la fabricación de tinta permite reproducir con gran fiabilidad y utilizando los aparatos de medición y control correspondientes –viscosímetros, densímetros, densitómetros, colorímetros, espectrofotómetros- el color especificado en términos densitómetricos y colorimétricos.

La constancia del color impreso depende de otras propiedades de la tinta tales como la viscosidad, el tiro, el atrapado, su transparencia relativa, el brillo, la eficacia.

La tecnología actual de fabricación permite la fabricación de tintas con características muy controladas no obstante el comportamiento de la tinta se debe controlar durante la tirada con los aparatos de medida y control y teniendo como referencia las tiras de control que se encuentran disponibles en el mercado y que permiten controlar los principales parámetros de impresión y los valores estándares de referencia que se encuentran publicados por diversas asociaciones sectoriales –GCA, FIPP–.

- Secado rápido

Las exigencias de realización de trabajos en cada vez menores tiempos de ejecución repercuten en la exigencia de comportamiento de la tinta puesto que debe fijar y quedar seca nada más imprimirse para permitir su posterior manipulación.

Los fabricantes ofrecen un amplio surtido de tintas con un denominador común: su rapidez de secado.

Esto lo consiguen utilizando componentes que combinan distintos tipos de secado –por penetración, oxidación y evaporación– y añadiendo aditivos permiten acelerar las reacciones entre los componentes y hacer que la tinta seque más rápidamente.

Revista publicitaria

Tintas de secado rápido por calor forzado en rotativas Heat Set con excelentes cualidades colorimétricas

Las tintas de secado rápido combinan aceites minerales, de secado por penetración, con tintas vegetales, de secado por oxipolimerización, dando como resultado un secado aparente producido por la penetración inmediata de los aceites minerales en interior de los soportes porosos y permitiendo la manipulación de impreso con las debidas precauciones –el secado real puede alargarse horas o incluso días–

Etiquetas impresas con tintas offset de secado UV y con barniz de sobreimpresión que les dota de protección ante agentes externos.

– Resistencia al roce y al plegado

Durante el proceso de impresión y posteriormente, una vez impreso el pliego, la tinta es sometida a distintas agresiones, roces, presiones, torsiones, plegados, y debe resistir estos ataques de manera adecuada sin que la calidad reflejada en las especificaciones del producto impreso se vea afectada.

En fábrica se incorporan aditivos que tienen como fin dotar a la tinta de la resistencia ante estas agresiones:

  – Ceras: Aumentan la resistencia al frote

  – Elastómeros: Substancias plásticas que aportan flexibilidad.

Comportamiento de los soportes

Los soportes reciben la impresión y posteriormente forman los distintos productos finales que se han definido previamente una vez que ha secado la tinta –de forma aparente o real– y se han realizado las acciones de manipulación pertinentes.

Su estructura debe ser tal que permita su utilización en los sistemas industriales y que posteriormente duren, al menos, el tiempo estimado de vida del impreso. En realidad, cualquier material puede ser un soporte de impresión, no obstante, en los procesos industriales de impresión offset el soporte por excelencia es el papel.

También se pueden imprimir –y de hecho se imprimen– soportes no papeleros –por ejemplo: plásticos, metales– con este procedimiento y con el adecuado tratamiento de la superficie o utilizando tintas adaptadas al tipo de soportes.

Requisitos de comportamiento

– Maquinabilidad

El paso por la máquina es esencial en los procesos de impresión modernos. Las velocidades de impresión y los plazos de entrega son tales que es uno de los requisitos de comportamiento más importantes y común para prácticamente todos los sistemas de impresión. La maquinabilidad es una propiedad compleja que depende de muchas características simples y es una de las fuentes de problemas en cuanto a la relación de los implicados en la cadena productiva. Así depende del gramaje, de la dilatación del soporte que a su vez está directamente relacionada con la dirección de fibra, de la planeidad, de la resistencia a la tracción y al desgarro, del arrancado, propiedades estas últimas críticas en los procesos de impresión en rotativa. La maquinabilidad no solo está relacionada con las características y propiedades de los soportes sino de la relación de estos con el entorno que le rodea, así es sumamente importante controlar las condiciones de temperatura y humedad del taller donde se realiza la impresión.

Comportamiento de los soportes

– Imprimibilidad

Las exigencias de realización de impresos en tiempos de ejecución cada vez más cortos, repercute en la exigencia de comportamiento de los soportes en relación con las tintas empleadas puesto que la tinta debe fijarse sobre el soporte. Reproducir fielmente el color y quedar lo suficientemente seca en máquina para su posterior manipulación que también debe hacerse en cada vez menor tiempo.

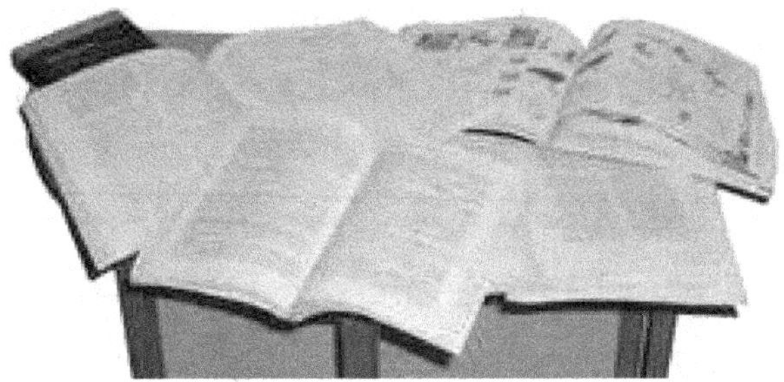

Tintas offset para máquinas de hojas
con excelentes condiciones de imprimibilidad

La imprimibilidad es una propiedad compleja y por lo tanto de difícil control que depende características simples tales como el grado de blancura, la lisura, la opacidad, el brillo, la composición de la superficie... características todas ellas que repercuten directamente en el resultado final.

Interacción entre planchas, tintas y soportes empleados en offset
La relación más crítica es aquella que se establece entre los soportes y las tintas, fundamentalmente debida a las exigencias de rapidez en la ejecución de los trabajos y en aumento de la exigencia de calidad en lo que al color se refiere.

La plancha se puede ver afectada por la composición del papel – determinados papeles son muy abrasivos– lo que repercute en su duración –las partículas abrasivas deterioran la imagen de la plancha– y por la composición de la tinta –los productos químicos utilizados en determinadas tintas pueden afectar a las emulsiones empleadas para configurar la imagen y por lo tanto afectan a la vida útil de la forma impresora.

Revistas

Electrografía

Comportamiento de la forma impresora

La electrografía comprende una serie de procedimientos de impresión de lo más variado, que en algunos casos ni siquiera emplea formas impresoras –computer to paper–. Estos procedimientos derivan de la denominada Xerografía, en sus orígenes técnica de fotocopiado en blanco y negro que ha evolucionado a fotocopia e impresión directa desde ordenador y en color, utilizando tóner como material manchante.

La forma impresora es un material fotoconductor susceptible de ser cargado eléctricamente, –cristales de silicio o material complementario– montados sobre una base de plástico.

En la técnica de fotocopiado estos cristales se cargaban mediante una fuente de luz que incidía sobre el original y que por reflexión delimitaba las zonas con distinta carga. En la actualidad, todos los sistemas proceden a escanear el original mediante técnicas digitales y a delimitar las zonas impresoras y no impresoras mediante una fuente de luz puntual –rayos láser–.

Requisitos de comportamiento

– Reproductibilidad o buena delimitación de las zonas impresoras de las no impresoras.

Al igual que el resto de sistemas, hoy se exige una mayor calidad en cuanto a reproducción, entendida como fidelidad y constancia de color y mayores resoluciones de salida –lineatura– y todo ello sobre soportes cada vez más complicados puesto que la oferta también se va ampliando. Para ello la forma electrográfica debe ser fabricada de tal manera que permita una gran fidelidad de copia.

La fidelidad de reproducción de estos sistemas está plenamente conseguida hasta tal punto de que es difícil diferenciar un original de una copia de determinados sistemas electrográficos – se han llegado a utilizar para la falsificación de valores monetarios–.

Documento impreso

– Duración

Estos sistemas se ubican de momento en la franja de la tirada corta, pero a diferencia del resto de sistemas donde una forma impresora es única para un trabajo –datos fijos–, en la electrografía la forma impresora permite ser utilizada una y otra vez para distintos trabajos, variando incluso en un mismo trabajo la imagen que se imprime en cada pasada.

Por lo tanto, la forma impresora es una pieza fundamental de la máquina no un consumible más como en el resto de sistemas.

Electrografía

Comportamiento de las tintas

Las tintas en los sistemas electrográficos son de formulación variada.

Dependiendo de los distintos desarrollos su formulación varía y dado que es la tecnología más joven de impresión aún se siguen desarrollando distintas formulaciones.

- Tinta

Tinta empleada en sistemas de chorro de tinta sin forma impresora, en los cuales, de manera genérica, una gota de tinta es impulsada hacia el soporte de impresión en función de los datos digitales manejados por el ordenador o RIP.

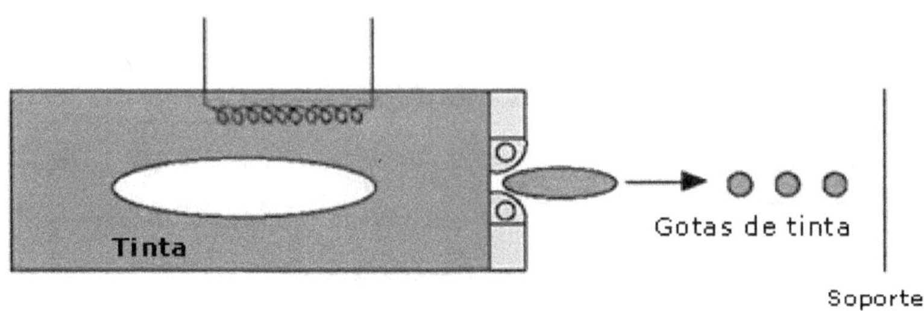

Esquema funcionamiento chorro de tinta

- Tóner

Tinta empleada en sistemas electrográficos con forma impresora. Se denomina tóner por su particularidad de estar cargado eléctricamente para así poderse fijar a la forma electrográfica. Dos tipos en función de su composición:

    – Tóner seco: No lleva solvente

    – Tóner líquido: Lleva solvente, permite partículas de pigmento menores

Requisitos de comportamiento

– Reproductibilidad o fidelidad de color

Los sistemas electrográficos se vienen utilizando como sistemas de pruebas y en trabajos de tirada corta y de datos variables. Para introducir la tecnología en el mercado los fabricantes imitan las características de color y reproductibilidad de los sistemas convencionales en unos casos por necesidad –sistemas de pruebas– y en otros casos para evitar problemas de introducción de la tecnología en el sector gráfico, uno de sus principales clientes posibles.

En general, salvo problemas puntuales en vías de solución con respecto a ciertos problemas técnicos derivados de la descripción digital de la imagen –aparición de bandas en fondos o degradados- o del sistema de fijación del tóner –brillos excesivos generados por los sistemas de secado estos sistemas tienen un buen comportamiento en este apartado.

– Secado rápido

El secado en los sistemas electrográficos que emplean forma impresora es instantáneo puesto que el pliego impreso es sometido a algún sistema de secado forzado mediante la aplicación de calor.

En los sistemas de chorro de tinta sin empleo de formas impresoras el secado dependerá de la constitución del soporte puesto que en general es un secado combinado de penetración y evaporación por lo que el soporte deberá acondicionarse previamente a esta circunstancia.

Generalmente, el fabricante ofrece y recomienda sus propios consumibles que, aunque de mayor precio que los consumibles genéricos ofrecen mejores garantías en cuanto a operatividad y comportamiento.

Comportamiento de los soportes

Los soportes reciben la impresión y posteriormente forman los distintos productos finales que se han definido previamente una vez que ha secado la tinta –de forma aparente o real– y se han realizado las acciones de manipulación pertinentes.

Su estructura debe ser tal que permita su utilización los sistemas industriales y que posteriormente resista el tiempo estimado de duración del impreso. En realidad, cualquier material puede ser un soporte de impresión, no obstante, en los procesos industriales de impresión electrográfica se utiliza mucho el papel, pero también en gran medida los soportes plásticos en película y como tejido para impresión.

Requisitos de comportamiento

– Maquinabilidad

El paso por la máquina es esencial en los procesos de impresión modernos. La velocidad y los requisitos de entrega son tales que es una de los requisitos de comportamiento más importantes y común para prácticamente todos los sistemas de impresión incluida la electrografía.

En este caso es habitual que el fabricante presente una serie de soportes destinados a distintas aplicaciones y en formatos normalizados que disponen de las características adecuadas para la impresión en sus máquinas.

En general recomiendan trabajar en un rango de gramajes estándar – de 60 gramos hasta 250 según las máquinas– y con soportes de soporten los procesos de secado –aplicación de calor en buena parte de los casos–

A los soportes papeleros que se almacenan en el interior de las máquinas de impresión se les acondiciona para trabajar en condiciones de humedad relativa baja – condición habitual dentro de la máquina–.

Soportes especiales son requeridos por los usuarios de estos sistemas

– Imprimibilidad

La imprimibilidad es una propiedad compleja y por lo tanto de difícil control que depende características simples tales como el grado de blancura, la lisura, la opacidad, el brillo, la composición de la superficie, características todas ellas que repercuten directamente en el resultado final.

La imprimibilidad en los sistemas de impresión electrográficos depende del sistema bien sea éste de chorro de tinta o de tóner, puesto que en cada caso la fijación de la tinta varía dado el tipo de secado diferente de ambos.

En los dos casos los soportes ofertados por los fabricantes son la mejor solución para conseguir las mejores prestaciones, no obstante, en el mercado existe una cada vez mayor oferta de soportes elaborados expresamente para estos sistemas, siendo perfectamente válidos.

Interacción entre formas electrográficas, tintas y soportes empleados en los sistemas electrográficos

La relación más crítica es aquella que se establece entre los soportes y la tinta o tóner, fundamentalmente debida a las exigencias de rapidez en la ejecución de los trabajos, el tipo de secado implicado y en aumento de la exigencia de calidad en lo que al color se refiere.

La forma impresora electrográfica no se ve afectada en absoluto salvo que el soporte sea incorrecto y la dañe por este motivo.

Plotter

Comportamiento de soportes, tintas y formas impresoras en los sistemas de impresión en hueco

Los sistemas de impresión en hueco son aquellos que tienen las zonas impresoras talladas en profundidad con respecto al plano de la forma por lo que la delimitación entre unas zonas y otras se debe a medios mecánicos.

Los sistemas industriales en hueco son el procedimiento de huecograbado y la calcografía.

No se estima conveniente tratar la calcografía en esta unidad puesto que es un sistema circunscrito a un campo muy concreto y especializado y sin expansión en el futuro.

Esquema impresión sistema huecograbado

Comportamiento de la forma impresora

La forma impresora es un cilindro compuesto por una base de acero pulido, sometido a procesos de cobreado en superficie, metal adecuado para su posterior grabado, y a un cromado posterior al grabado para dotar al cilindro de la dureza suficiente para que soporte grandes tiradas.

Requisitos de comportamiento

— Reproductibilidad o buena delimitación de las zonas impresoras de las no impresoras

Hoy se exige una mayor calidad en cuanto a reproducción, entendida como fidelidad y constancia de color y mayores resoluciones de salida –lineatura– y todo ello sobre soportes cada vez más complejos.

El cilindro impresor debe ser fabricado de tal manera que permita una gran fidelidad de copia. Estos requisitos se cumplen en este sistema, siendo uno de los más fiables en este sentido.

Los problemas más comunes son los causados por una deficiente limpieza de las zonas no impresoras que tiene su origen en una cuchilla defectuosa.

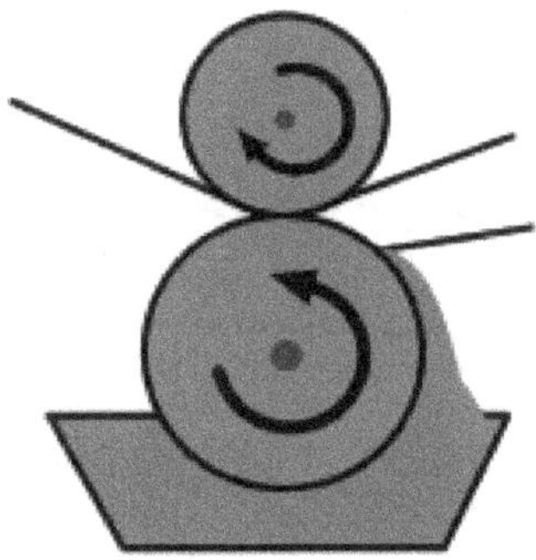

Esquema funcionamiento huecograbado

Comportamiento de las tintas

La tinta de hueco es el componente que transfiere el color al soporte y lo fija, preservándole de las agresiones externas.

Su formulación debe ser tal que permita su adaptación a este sistema industrial de impresión y que posteriormente resista el tiempo estimado de vida del impreso.

Como la reserva es mecánica y las zonas impresoras son alvéolos en los cuales se debe introducir la tinta. Ésta debe ser lo suficientemente fluida para llenar el hueco y posteriormente salir al presionar el cilindro sobre el soporte a imprimir.

Son tintas catalogadas de líquidas de secado por evaporación, lo cual hace que el secado sea prácticamente instantáneo y no origine problemas posteriores al secado.

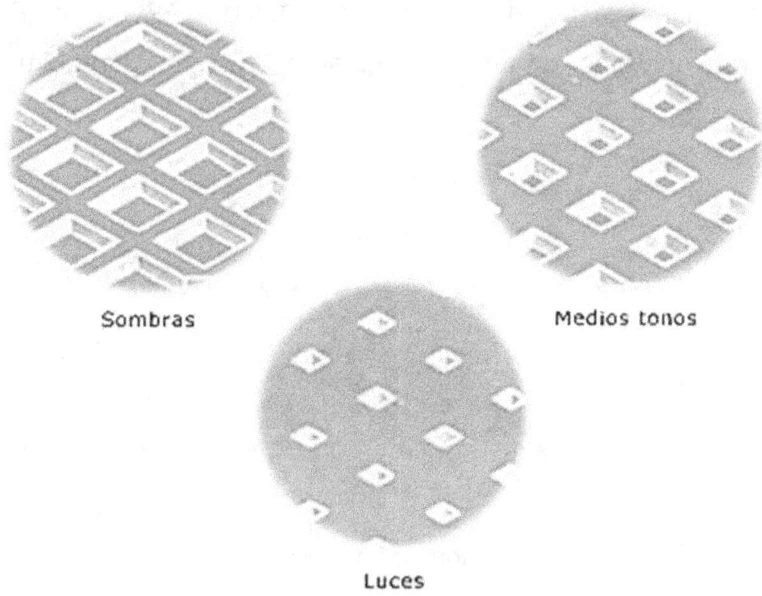

Alvéolos de huecograbado

Comportamiento de los soportes

Su estructura debe ser tal que permita su utilización los sistemas industriales y que posteriormente resista el tiempo estimado de duración del impreso. En realidad, cualquier material puede ser un soporte de impresión, no obstante, en los procesos industriales de impresión en huecograbado se debe cumplir un requisito esencial para ser utilizados, los soportes deben ser lisos para que la transferencia de la tinta sea correcta.

Se imprimen por lo tanto exclusivamente papeles alisados y películas plásticas flexibles. El papel queda relegado a especialidades como por ejemplo el papel de empapelar, el papel de las cajetillas de tabaco, etc., y los plásticos se imprimen en gran cantidad en dura competencia con el procedimiento flexográfico.

Impreso en hueco

Requisitos de comportamiento

– Maquinabilidad

Al igual que en el resto de los procesos, el paso por máquina es esencial en los procesos de impresión de huecograbado. La velocidad y las exigencias de entrega rápida son tales que es uno de los requisitos de comportamiento más importantes y común para prácticamente todos los sistemas de impresión. La maquinabilidad es una propiedad compleja que depende de muchas características simples y es una de las fuentes de problemas en cuanto a la relación de los implicados en la cadena productiva. Así depende del gramaje, de la dilatación del soporte que a su vez está directamente relacionada con la dirección de fibra o grano.

En huecograbado, al ser un sistema de impresión exclusivamente en rotativa, tiene especial importancia la resistencia a la tracción y al desgarro que presenta el soporte y que pueden ocasionar paradas muy costosas.

Interacción entre los cilindros, las tintas y los soportes empleados en huecograbado

La relación más crítica es aquella que se establece entre los soportes y las tintas, fundamentalmente debida a las exigencias de rapidez en la ejecución de los trabajos y el aumento de la exigencia de calidad en lo que al color se refiere.

En huecograbado, donde las tintas en general se especifican en función del trabajo concreto y los soportes se fabrican en la mayoría de los casos para tales trabajos, no existen especiales dificultades en la interacción de los elementos.

El cilindro de huecograbado, quizá el elemento más crítico de todo el proceso, es muy estable y duradero y si se ha realizado correctamente, no se ve afectado ni por la composición del soporte ni por la composición de las tintas empleadas.

Comportamiento de soportes, tintas y formas impresoras en los sistemas de impresión en relieve

Los sistemas de impresión en relieve son aquellos que tienen las zonas impresoras talladas en relieve con respecto al plano de la forma por lo que la delimitación entre unas zonas y otras se debe a medios mecánicos.

Los sistemas industriales en relieve son el procedimiento de flexografía y la tipografía.

Sistema de impresión flexo

Flexografía

Comportamiento de la forma impresora

La forma impresora es un cliché flexible elaborado a partir de compuestos fotopoliméricos. Estos compuestos pueden presentarse en forma líquida o en forma sólida.

Requisitos de comportamiento

– Reproductibilidad o buena delimitación de las zonas impresoras de las no impresoras

En flexografía las zonas impresoras están en un plano superior por lo que la delimitación está asegurada, lo complicado es conseguir una buena reproducción puesto que al ser flexible la zona de contacto de la forma con el soporte existe la posibilidad de que se origine una importante ganancia de estampación con lo que la reproducción no sería la correcta.

En la actualidad, los sistemas de obtención de la forma, así como los tratamientos para conseguir distintos grados de dureza en la composición del cliché flexográfico hacen que el sistema flexográfico haya conseguido unos altos niveles de calidad que a veces hace imposible distinguir un impreso en este sistema de otros con calidad de impresión reconocida.

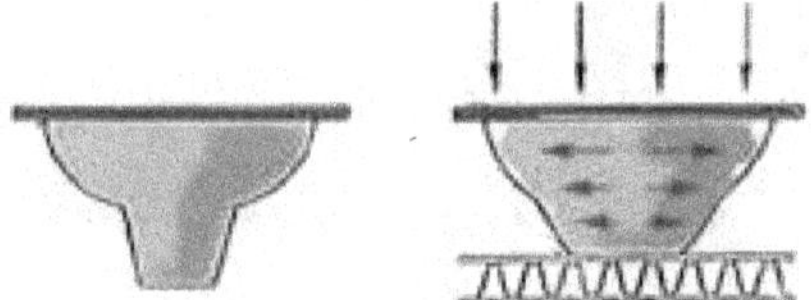

Delimitación zonas impresoras en flexografía

Comportamiento de las tintas

La tinta de flexografía es el componente que transfiere el color al soporte y lo fija, preservándole de las agresiones externas.

Su formulación debe ser tal que permita su adaptación a este sistema industrial de impresión y que posteriormente resista el tiempo estimado de vida del impreso.

La reserva es física estando las zonas impresoras en relieve y la tinta es fluida por lo que debe existir una correcta tensión superficial para que la tinta moje la superficie y se transfiera posteriormente al soporte.

Requisitos de comportamiento

– Reproductibilidad o fidelidad de color

Hoy a cualquier tinta se exige una mayor calidad en cuanto al color y su fijación a los más distintos soportes. El color está establecido colorimétricamente en normas internacionales estandarizadas –normas UNE-EN-ISO– para los colores de la gama o se establece teniendo como referencia sistemas estándares. La tecnología actual en la fabricación de tinta permite reproducir con gran fiabilidad y utilizando los aparatos de medición y control correspondientes –viscosímetros, densímetros, densitómetros, colorímetros, espectrofotómetros- el color especificado en términos densitómetricos y colorimétricos.

La constancia del color impreso depende de otras propiedades de la tinta tales como la viscosidad, el tiro, el atrapado, su transparencia relativa, el brillo, la eficacia.

Bolsa de polietileno

La tecnología actual de fabricación permite la fabricación de tinta con características muy controladas no obstante el comportamiento de la tinta se debe controlar durante la tirada con los aparatos de medida y control y teniendo como referencia las tiras de control que se encuentran disponibles en el mercado y que permiten controlar los principales parámetros de impresión.

Envases complejos impresos en flexografía con tintas en base agua con exigencias cada vez mayores en cuanto a la reproducción

En el caso de las tintas empleadas en flexografía, al igual que las tintas de huecograbado, al ser tinta compuesta con disolventes que tienden a evaporarse con suma facilidad, se debe controlar la viscosidad durante el proceso de impresión puesto que un aumento de este parámetro influirá en la tonalidad, la deposición de tinta, el tiro y otras variables del proceso. Una forma común de evitar estos problemas consiste en utilizar tinteros cerrados para evitar la evaporación.

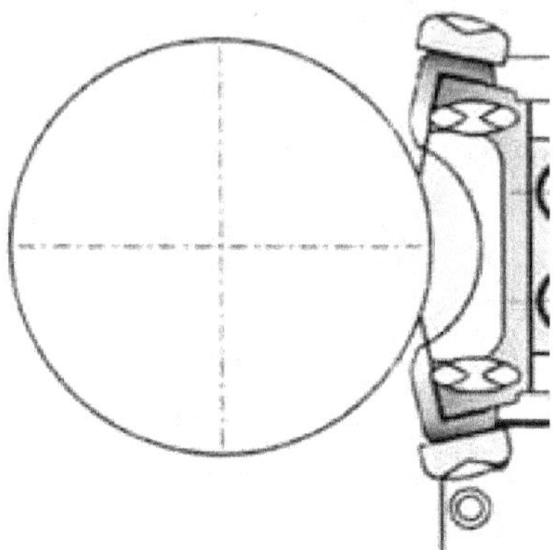

Esquema de sistema cerrado de tintero en flexografía

Comportamiento de los soportes

Los soportes reciben la impresión y posteriormente forman los distintos productos finales que se han definido previamente una vez que ha secado la tinta –de forma aparente o real– y se han realizado las acciones de manipulación pertinentes.

Su estructura debe ser tal que permita su utilización los sistemas industriales y que posteriormente resista el tiempo estimado de duración del impreso.

En flexografía se imprimen fundamentalmente papel, cartoncillo, cartón y películas plásticas flexibles.

En papel se imprime en flexografía prensa periódica en algunas partes del mundo, el cartoncillo y el cartón se emplean en especialidades relacionadas con el envase y el embalaje y las películas plásticas flexibles de todo tipo se imprimen en gran cantidad en franca competencia con el huecograbado.

Guata de celulosa en flexografía

Requisitos de comportamiento

– Maquinabilidad

Al igual que en el resto de los procesos, el paso por la máquina es esencial en los procesos de impresión de flexografía. La velocidad y las exigencias de entrega rápida son tales que es uno de los requisitos de comportamiento más importantes y común para prácticamente todos los sistemas de impresión.

La maquinabilidad es una propiedad compleja que depende de muchas características simples y es una de las fuentes de problemas en cuanto a la relación de los implicados en la cadena productiva. Así depende del gramaje, de la dilatación del soporte que a su vez está directamente relacionada con la dirección de fibra o grano, de la planeidad, de la resistencia a la tracción y al desgarro, la arrancado, propiedades estas últimas críticas en los procesos de impresión en rotativa propios de la impresión flexográfica.

Interacción entre los clichés, tintas y soportes empleados en flexografía

En este caso la relación es crítica entre todos los componentes, fundamentalmente debido a las exigencias de rapidez en la ejecución de los trabajos y el aumento de la exigencia de calidad en lo que al color se refiere.

Como quiera que existen multitud de soportes distintos en su composición que se imprimen en flexografía se deben tener muy en cuenta para optar por la tinta adecuada.

Tipografía

Comportamiento de la forma impresora

La forma impresora tipográfica en la actualidad es un cliché fotopolimérico rígido empleado en rotativas que en ocasiones se combinan con otros sistemas de impresión, fundamentalmente en la impresión de envases.

Se siguen utilizando en pequeños talleres de barrio para trabajos de remendaría las formas impresoras originales con tipos de metal a semejanza de los que utilizó Gutenberg en los inicios de la imprenta, aunque esto está llegando a su fin dada la competencia que suponen los sistemas de impresión digital.

Requisitos de comportamiento

– Reproductibilidad o buena delimitación de las zonas impresoras de las no impresoras

Depende de la talla de los tipos y del soporte. (Mayor o menor lisura).

– Duración

La duración del cliché tipográfico está asegurada dado el grado de dureza superficial de sus componentes y en mayor medida si se emplean tipos metálicos.

Comportamiento de las tintas

Las tintas empleadas en tipografía al contrario de las tintas de flexografía, son grasas, viscosas, similares a las de offset – pueden utilizarse en su lugar– y para aplicarse correctamente debe aplicarse una presión correcta.

Tipografía

Requisitos de comportamiento

– Reproductibilidad o fidelidad de color

La uniformidad del color a lo largo de la tirada está asegurada al ser un sistema muy estable en cuanto a su comportamiento. En general, la reproductibilidad dependerá de la tinta depositada con regularidad en el soporte y esto a su vez, de la presión ejercida y el grado de viscosidad constante de la tinta.

– Secado

En este caso el secado es combinado. La tinta seca por penetración y oxidación. Es un secado aparente, aunque permite la manipulación del impreso con las debidas precauciones.

– Resistencia a las más diversas agresiones

La cantidad de tinta depositada y su estructura le proporciona una buena resistencia ante las eventualidades comunes.

Comportamiento de los soportes

En tipografía se imprimen fundamentalmente papel, cartulina y cartoncillo.

En papel se imprime en tipografía prensa periódica en algunas partes del mundo, el cartoncillo y el cartón se emplean en especialidades relacionadas con el envase y el embalaje.

Requisitos de comportamiento

– Maquinabilidad

No existen especiales requisitos en cuanto al paso de los soportes empleados por la máquina.

– Imprimibilidad

En este caso, la imprimibilidad depende de la lisura adecuada del soporte y de la presión ejercida por el cilindro. El soporte ha de tener la suficiente resistencia para recuperar la forma inicial sin verse afectado en sus características una vez impreso.

Interacción entre formas tipográficas, tintas y soportes empleados en el sistema tipográfico

La relación entre el soporte y las tintas se basa en el control de las presiones adecuadas para que la tinta se transfiera sin que aparezcan zonas no impresas y en la lisura del soporte que en este caso es una característica muy necesaria para una buena calidad de impresión. La forma impresora no se ve afectada en absoluto ni por el soporte ni por las tintas. Comportamiento de soportes, tintas y formas impresoras en el sistema de impresión permeográfico. La serigrafía es un sistema de impresión en el que la tinta atraviesa una malla de plástico o metal –en su origen era de seda, de ahí su nombre– estando las zonas impresoras de aquellas que no se imprimen delimitadas por una reserva química –emulsión endurecida que tapa determinadas zonas de la malla–.

Comportamiento de la forma impresora

La forma impresora es una pantalla constituida por un bastidor de madera o metal y una malla de hilos de plástico o de metal.

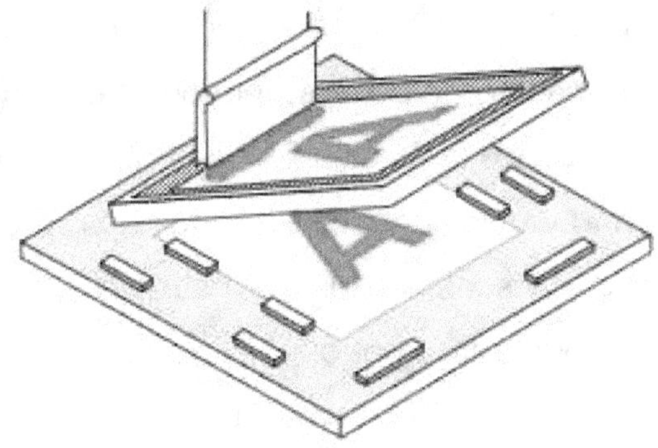

Sistema de impresión serigráfica

Comportamiento de las tintas

La tinta de serigrafía es el componente que transfiere el color al soporte y lo fija, preservándole de las agresiones externas.

Su formulación debe ser tal que permita su adaptación a este sistema industrial de impresión y que posteriormente resista el tiempo estimado de vida del impreso.

Requisitos de comportamiento

– Reproductibilidad o fidelidad de color

Hoy a cualquier tinta se exige una mayor calidad en cuanto al color y su fijación a los más distintos soportes. El color está establecido colorimétricamente en normas internacionales estandarizadas –normas UNE-EN-ISO– para los colores de la gama o se establece teniendo como referencia sistemas estándares de hecho como por ejemplo el sistema Pantone.

La tecnología actual en la fabricación de tinta permite reproducir con gran fiabilidad y utilizando los aparatos de medición y control correspondientes –viscosímetros, densímetros, densitómetros, colorímetros, espectrofotómetros- el color especificado en términos densitómetricos y colorimétricos.

La constancia del color impreso depende las propiedades generales de la tinta tales como la viscosidad, el tiro, el atrapado, su transparencia relativa, el brillo, la eficacia.

La tecnología actual de fabricación permite la fabricación de tinta con características muy ajustadas no obstante el comportamiento de la tinta se debe controlar durante la tirada con los aparatos de medida y control y teniendo como referencia las tiras de control que se encuentran disponibles en el mercado y que permiten controlar los principales parámetros de impresión.

Impreso en serigrafía

Las tintas empleadas en serigrafía son muy variadas y dependen del soporte a imprimir y el sistema de secado por el que se opte. En general son tintas clasificadas como líquidas de secado por evaporación o polimerización.

El secado debe ser forzado en la mayoría de las ocasiones dado que es el sistema que mayor capa de tinta deposita sobre el soporte lo que dificulta su secado de forma natural.

Comportamiento de los soportes

Los soportes reciben la impresión y posteriormente forman los distintos productos finales que se han definido previamente una vez que ha secado la tinta –de forma aparente o real– y se han realizado las acciones de manipulación pertinentes.

Su estructura debe ser tal que permita su utilización los sistemas industriales y que posteriormente resista el tiempo estimado de duración del impreso. En realidad, cualquier material puede ser un soporte de impresión y muchos de ellos se imprimen en serigrafía.

Se imprimen fundamentalmente papel y sus derivados y todo tipo de plásticos flexibles y rígidos. En papel se imprimía y se sigue imprimiendo cartelería, pero se está viendo relegada la impresión en serigrafía por los sistemas digitales de impresión por chorro de tinta –plotters y sistemas de gigantografía– y el embalaje y los plásticos de todo tipo se imprimen en gran cantidad en dura competencia con el huecograbado.

Requisitos de comportamiento

– Maquinabilidad

Al igual que en el resto de los procesos, el paso por la máquina es esencial en los procesos de impresión mediante serigrafía. La velocidad y las exigencias de entrega rápida son tales que es uno de los requisitos de comportamiento más importantes y común para prácticamente todos los sistemas de impresión.

La maquinabilidad es una propiedad compleja que depende de muchas características simples y es una de las fuentes de problemas en cuanto a la relación de los implicados en la cadena productiva. Así depende del gramaje, de la dilatación del soporte que a su vez está directamente relacionada con la dirección de fibra o grano, de la planeidad, de la resistencia a la tracción y al desgarro, la arrancado, propiedades estas últimas críticas en los procesos de impresión en rotativa.

En serigrafía parte de los trabajos no requieren ninguna exigencia al respecto puesto que el soporte a imprimir se coloca manualmente en la máquina para su impresión salvo en los procesos que están plenamente industrializados –serigrafía rotativa–.

Impresión en serigrafías sobre envases plásticos
de poliolefina tratada y otros tipos

Interacción entre las pantallas, tintas y soportes empleados en serigrafía

Para cada tipo de trabajo se debe tomar una elección sobre el tipo de pantalla, el grosor de los hilos y su lineatura.

Textil impreso en serigrafía con tintas opacas y muy flexibles

Como quiera que existen multitud de soportes distintos en su composición que se imprimen en serigrafía se deben tener muy en cuenta para optar por la tinta adecuada.

Soporte de metal impreso en serigrafía

Esquema-resumen

Recuerda que...

Las planchas de offset deben poseer una gran fidelidad de copia y aguantar grandes tiradas

Las planchas de offset deben ser lo suficientemente flexibles para adaptarse a los procesos de fijación al cilindro portaplanchas y al cilindro mismo que por definición tiene una determinada curvatura.

Las tintas para offset deben estar formuladas de tal manera que se consiga el color requerido teniendo en cuenta que la capa de tinta depositada es muy pequeña.

Las tintas para offset de gama deben cumplir unos requisitos de color recogidos en unas normas internacionalmente aceptadas.

Dadas las exigencias actuales en cuanto a rapidez en la ejecución y entrega, la tinta de offset debe secar rápidamente para evitar problemas tales como repintado, bloqueo, etc.

Los soportes deben estar adaptados para un rápido paso por la máquina.

Los soportes deben tener una estructura superficial tal que permita una buena recepción de la tinta a pesar de la rapidez cada vez mayor del proceso y resistir posteriormente las agresiones de agentes externos.

La relación más crítica es aquella que se establece entre los soportes y las tintas, fundamentalmente debida a las exigencias de rapidez en la ejecución de los trabajos y en aumento de la exigencia de calidad en lo que al color se refiere.

En la electrografía la forma impresora permite ser utilizada una y otra vez para distintos trabajos, variando incluso en un mismo trabajo la imagen que se imprime en cada pasada.

A los soportes papeleros que se almacenan en el interior de las máquinas de impresión electrográficas se les acondiciona para trabajar en condiciones de humedad relativa baja –condición habitual dentro de la máquina–.

En el caso del huecograbado el secado se realiza por evaporación del disolvente por lo que es prácticamente instantáneo y no ocasiona problemas de fijación al soporte y su posterior manipulación.

En huecograbado la constancia de color se puede conseguir fácilmente puesto que es un sistema de impresión muy estable donde basta con controlar la viscosidad de la tinta para obtener resultados constantes.

Las tintas empleadas en calcografía son grasas, viscosas, por lo que deben ser extraídas de las zonas grabadas mediante la aplicación de una fuerte presión sobre el soporte.

En calcografía, la imprimibilidad depende de la lisura adecuada del soporte y de la presión ejercida por el cilindro. El soporte ha de tener la suficiente resiliencia para recuperar la forma inicial sin verse afectado en su características o comportamiento una vez impreso.

En flexografía, al ser flexible la zona de contacto de la forma con el soporte existe la posibilidad de que se origine una importante ganancia de estampación con lo que la reproducción no sería la correcta.

En el caso de las tintas empleadas en flexografía al ser tinta compuesta con disolventes que tienden a evaporarse con suma facilidad, se debe controlar la viscosidad durante el proceso de impresión.

En flexografía se imprimen fundamentalmente papel y plásticos. El papel queda relegado a especialidades relacionados con el envase y el embalaje y los plásticos de todo tipo se imprimen en gran cantidad en dura competencia con el huecograbado.

Glosario

Alvéolos: Celdillas realizadas mediante grabación con ácidos, con punta de diamante o corindón o mediante rayo láser.

Bastidor: Marco de madera, plástico o metal que sirve de fijación a la malla y que permite su tensado.

Calcografía: Proceso de impresión en hueco que se corresponde con un procedimiento de impresión de grabado, pero con maquinaria industrial. Es un sistema que básicamente se emplea en la elaboración de impresos de seguridad –papel moneda, valores. –

Cilindro portaplanchas: En las máquinas de offset, es el cilindro sobre el que se sujeta la plancha de impresión y que permite imprimir de una forma continua.

CTP: Siglas de Computer To Plate. Uno de los últimos desarrollos tecnológicos en fase de implantación. Consiste en la filmación directa en la plancha de impresión, eliminando el paso a película.

FIPP: Federación Internacional de Prensa Periódica. Publica una serie de recomendaciones para la impresión en offset bobina.

GCA: Graphic Communications Association. Publica el Gracol. Recomendaciones para la impresión en offset bobina aplicable a offset de hojas.

Gigantografía: Concepto acuñado recientemente que hace referencia a la impresión de cartelería gigante consistente en grandes bandas de varios metros de largo que se unen entre sí conformando una enorme imagen que cuelga de andamios o edificios. Esta técnica publicitaria es posible por la moderna tecnología de impresión digital que permite imprimir bandas de papel, plástico o soportes tejidos con anchos de metros y sin prácticamente límites en cuanto al largo.

Litografía: Procedimiento de impresión inventado por Senefelder a finales del siglo XVIII consistente en delimitar zonas a imprimir y zonas a no imprimir pintando con un lápiz graso en una piedra caliza convenientemente preparada las zonas que debían tomar tinta.

Magnetografía: Procedimiento de impresión englobado dentro de la denominada impresión digital que consiste en diferenciar zonas impresoras y zonas no impresoras en la forma impresora mediante el magnetismo. En tóner, que en este caso es magnético, se fijará en aquellas zonas que están magnetizadas.

Normas UNE-EN-ISO: Son normas para la estandarización de procesos, productos, servicios o empresas de carácter internacional. UNE son las siglas de Una Norma Española. EN de Norma Europea. ISO de Organización Internacional para la Estandarización.

Racleta: Artilugio que sirve para hacer pasar la tinta de serigrafía a través de la pantalla. Consiste en una goma aplanada con un diferente perfil según sea la aplicación y montada sobre madera o metal. En los sistemas semiautomáticos y automáticos esta va montada en la máquina y funciona sin intervención del operario o con una intervención mínima.

Tensión superficial: Fuerza de cohesión superficial en la superficie de una substancia. Las moléculas superficiales están solo sometidas a las fuerzas de cohesión de las moléculas que están situadas en las capas superiores, los componentes horizontales de estas fuerzas no anuladas dan origen a la tensión superficial.

Tirada corta: Tirada que en general no excede de los 4 o 5000 ejemplares, aunque estas cifras pueden variar según sea la fuente consultada y aparecen mejoras en la tecnología.

Evaluación

1. El resultado final de una impresión en serigrafía depende del comportamiento de la forma impresora por lo que se debe elegir correctamente el tipo de pantalla, el grosor de los hilos y su lineatura. También, como quiera que existen multitud de soportes distintos en su composición que se imprimen en este sistema de impresión tan versátil, se deben tener muy en cuenta los mencionados soportes para elegir la tinta que se va a utilizar.

- ☐ Verdadero
- ☐ Falso

2. En huecograbado es requisito muy importante que los soportes de impresión sean lo más lisos posible puesto que si no es así pudiera ocasionarse una transferencia de tinta defectuosa y por lo tanto afectar a la calidad de la imagen.

- ☐ Verdadero
- ☐ Falso

3. La evaporación no deseada de los componentes volátiles de las tintas de flexografía puede afectar a su comportamiento y para evitarlo...

- ☐ Se van añadiendo resinas que retienen los disolventes
- ☐ Se cierran los tinteros para evitar la evaporación
- ☐ Las tintas de flexografía no evaporan
- ☐ Se añaden aceites que retardan el secado

4. Las tintas de offset de secado rápido...

- ☐ No existen, en el offset se da un secado lento.
- ☐ Son tintas que secan por evaporación.
- ☐ Son tintas que secan por radiación ultravioleta.
- ☐ Son tintas que combinan dos tipos de secado: oxipolimerización y penetración.
- ☐ Son tintas con base agua.

5. La capacidad de reproducción de una plancha offset entre otras cosas depende...

- ☐ Del mayor o menor tamaño del diámetro del grano formado en la superficie de la plancha.
- ☐ De la profundidad del grano formado en la superficie de la plancha.
- ☐ De la tecnología que se utiliza para reproducir el punto en la emulsión.
- ☐ De todas las anteriores.

6. Entre las tecnologías de tramado que obligan a mejorar las prestaciones en cuanto a comportamiento de las planchas de offset encontramos...

- ☐ El tramado de frecuencia modulada
- ☐ El tramado en relieve
- ☐ El tramado flamenco
- ☐ El tramado "a la inglesa"

7. En serigrafía, el comportamiento de la forma impresora se ve afectado por...

☐ La tensión de los hilos de la malla

☐ El tipo de bastidor empleado

☐ Las sales hidrófilas

☐ El cromado

8. El comportamiento de la tinta en cuanto a constancia de color impreso depende de...

☐ Su viscosidad

☐ Su tiro

☐ Su atrapado

☐ Su transparencia relativa

9. Los problemas de fidelidad de reproducción de los sistemas electrográficos están relacionados con...

☐ La aparición de bandas en fondos y degradados

☐ La aparición de brillos excesivos debido al sistema de secado

☐ La aparición del efecto squash

☐ La aparición de palabras rotas

10. La plancha de offset debe tener un cierto grado de flexibilidad debido a que...

☐ Debe ser doblada para que quede sujeta en la máquina.

☐ Trabaja de forma curvada dado que se debe adaptar al cilindro portaplanchas.

☐ En algunos sistemas de CTP debe curvarse para ser grabada convenientemente.

☐ La plancha de offset no es flexible, es totalmente rígida.

Bibliografía

– CASALS, RICARD. Aspectos tecno-económicos en la utilización de la plancha offset. Tecnoteca. Barcelona. 1985.

– CASALS, RICARD. Offset: control de calidad. Tecnoteca. Barcelona. 1987

– MARK BEACH, PH.D.& ERIC KENLY, M.S. Getting in printed. North light books. Cincinnati. Ohio. 1998.

– CAPETTI, F. Técnicas de impresión. Ediciones Don Bosco. Barcelona. 1975.

– BANN, DAVID. Manual de producción para artes gráficas. Tellus. Madrid. 1988.

– MARTÍN, EUNICIANO y L, TAPIZ. Diccionario enciclopédico de las Artes e Industrias Gráficas. Ediciones Don Bosco. Barcelona. 1981.

– PEYSKENS, ANDRÉ. Fundamentos técnicos de la realización de pantallas para serigrafía. Saati. p.A. División serigráfica. Como. Italy 1989.

– FERNANDEZ ZAPICO, JOSÉ MANUEL. El papel y otros soportes de impresión. Fundació Indústries Gráfiques. Barcelona. 1994.

– VIDALES GIOVANNETTI, MARIA DOLORES. El mundo del envase. Gustavo Gili. Barcelona. 1995.

– LIMBURG, MICHAEL. Gutenberg se digitaliza. Ediciones Press Graph. Barcelona. 1995.

Medio ambiente y Seguridad e Higiene

Descripción del sector gráfico

El sector gráfico se encuentra formado por dos grupos (los dos engloban los procesos de preimpresión, impresión y postimpresión):

1.- Transformación y manipulación de papel y cartón

2.- Artes Gráficas

Estos procesos se encuentran dentro del Código Nacional de Actividades Económicas (CNAE) aprobado por Real Decreto 1560/1992 de 18 de diciembre y publicado en el BOE N° 306 de 22 de diciembre de 1992 que incluye:

- Industria del papel

- Edición, artes gráficas y reproducción de soportes grabados

Los epígrafes 21 y 22 agrupan todas las actividades del sector, las cuales son:

21. INDUSTRIA DEL PAPEL

21.1. Fabricación de pasta papelera, papel y cartón

21.2. Fabricación de artículos de papel y de cartón

22. EDICIÓN, ARTES GRÁFICAS Y REPRODUCCIÓN DE SOPORTES GRABADOS

22.11 Edición de libros

22.12. Edición de periódicos

22.13. Edición de revistas

22.2. ARTES GRÁFICAS Y ACTIVIDADES DE SERVICIO RELACIONADAS CON LAS MISMAS

22.21. Impresión de periódicos

22.22. Otras actividades de impresión

22.23. Encuadernación y acabado

22.24. Composición y fotograbado

22.25. Otras actividades Gráficas

Introducción

Ecología: ciencia que estudia la relación entre los organismos y su entorno.

Contaminación: cualquier tipo de impurezas, materia o influencias físicas en un determinado medio y en niveles más altos de lo normal, que pueden ocasionar peligro o daño en el sistema ecológico.

Contaminante: sustancia no deseada que está presente en cualquier medio, impidiendo o perturbando la vida de los organismos y produciendo efectos nocivos para la salud.

Emisión: expulsión, descarga de gases, líquidos o partículas al agua, suelo o aire.

Impacto: efecto que una determinada acción produce en el medio ambiente.

Vertido: corriente de desperdicios, ya sean líquidos, sólidos o gaseosos que se introducen en el medio ambiente.

Residuo: cualquier sustancia u objeto del cual su poseedor se desprenda o del cual tenga la intención u obligación de desprenderse.

Reciclaje: reintroducción de elementos o productos de desecho en la actividad industrial. Método utilizado para economizar materias primas y energías.

Energía renovable: energía que se obtiene de fuentes inagotables o renovables. En la energía renovable se emplea la fuerza del viento (eólica), agua (hidráulica), sol (energía solar), etc.

Efecto invernadero: es el calentamiento del planeta causado por el CO_2 de las radiaciones infrarrojas que se quedan en la atmósfera.

Desarrollo sostenible: término que aparece por primera vez en el informe Brundtland, también conocido como "el futuro de todos" (Comisión mundial para el desarrollo del Medio Ambiente de Naciones Unidas, 1987) y lo define como aquel desarrollo que satisface las necesidades del presente sin comprometer las necesidades de las generaciones futuras.

Agujero de ozono: en las capas altas de la atmósfera abunda el ozono (O3) que es el gas encargado de la protección de la tierra de las radiaciones ultravioletas. Pueden provocar graves consecuencias para el desarrollo de la vida vegetal y animal, puede producir cánceres de piel, puede producir mutaciones genéticas, etc.

Acidificación: son ácidos que se forman en la atmósfera por la mezcla de vapor de agua con gases emitidos por las industrias. Estos ácidos caen sobre la tierra en forma de lluvia produciendo la acidificación de los suelos y las aguas, pérdida de zonas de cultivo, muerte de árboles, bosques, etc. Los principales gases causantes de la acidificación son:

Compuestos de azufre (SO_2)

Compuestos de nitrógeno (NO)

Contaminación de las aguas: el agua es el componente químico que más abunda en la naturaleza. Los principales agentes contaminadores del agua son:

Vertidos urbanos: pozos negros, fosas sépticas, redes de saneamiento.

Vertidos industriales: líquidos residuales, humos, desechos sólidos vertidos o almacenados.

Vertidos agrícolas y ganaderos.

Normas

Existen disposiciones legales en distintos ámbitos:

- Legislación Internacional: Organización de la Naciones Unidas (ONU).

En 1972 (Conferencia de Estocolmo) fue concebido el Programa de Naciones Unidas para el Medio Ambiente (PNUMA) cuyo objetivo es apoyar, estimular y complementar la acción a todos los niveles de la sociedad humana, sobre todo los problemas de interés relacionados con el Medio Ambiente.

En 1992 se celebró, bajo los auspicios de la ONU, la Conferencia de Naciones Unidas sobre Medio Ambiente y Desarrollo en Río de Janeiro. Las conclusiones de la misma fueron:

- La declaración de Río: declaración de los derechos y obligaciones colectivas, individuales y de los gobiernos en lo referente a Medio Ambiente y al desarrollo, y de responsabilidad para con las generaciones futuras.

- Agenda 21: se trata de un plan de acción en el que se pretende establecer las acciones a realizar por los gobiernos y organizaciones internacionales para integrar el Medio Ambiente en el horizonte del siglo XXI.

- Convenio sobre el Cambio Climático y Convenio sobre Biodiversidad, firmados por los Jefes de Estado durante la Conferencia. Se trata de Convenios vinculantes para los Estados Parte.

- Legislación Europea

El Tratado de Roma (constitutivo de la Comunidad Económica Europea) no contenía ninguna mención expresa a los poderes de las autoridades comunitarias en el campo del Medio Ambiente.

En el Acta Única Europea (1986) entran tres nuevos artículos a formar parte del Derecho Comunitario específicamente dirigidos a la protección del Medio Ambiente:

- Artículo 130R que define los objetivos de la acción de la Comunidad en materia de Medio Ambiente.

- Artículo 130S que exige la unanimidad de los Estados miembros para la adopción de acciones que deba emprender la Comunidad en este ámbito.

- Artículo 130T que concibe la actuación de la Comunidad como un nivel mínimo, de tal manera que cada Estado miembro puede imponer en su territorio medidas de mayor protección.

El Tratado de Maastricht (1992) tiene entre sus objetivos el potenciar el desarrollo sostenible.

El Tratado de Ámsterdam (1998), además de establecer como objetivo esencial de la Comunidad el conseguir un desarrollo sostenible, en su artículo 6 establece la obligación de integrar las consideraciones medioambientales en el conjunto de las políticas sectoriales.

Además, la Comunidad Europea ha dictado numerosos Reglamentos, Directivas, Decisiones y normas de todo tipo en relación con el Medio Ambiente.

Algunas son:

- Directiva 85/337/CEE del Consejo, de Evaluación de Impacto Ambiental.

- Directiva 96/61/CEE del Consejo, relativa a la prevención y control de la contaminación.

- Directiva 91/271/CEE del Consejo, sobre tratamiento de Aguas Residuales urbanas, etc.

Existen también Programas de actuación en materia de Medio Ambiente.

En 1990 se crea la Agencia Europea de Medio Ambiente con sede en Copenhague (Dinamarca).

- Legislación Nacional

El artículo 45 de la Constitución Española de 1978 dice "el derecho de todos a disfrutar de un Medio Ambiente adecuado, así como el deber de protegerlo".

El Departamento más importante de la Administración General del Estado en materia medioambiental es el Ministerio de Medio Ambiente creado en mayo de 1996. Algunas de las leyes más importantes en materia medioambiental y que tienen en consideración de legislación básica son:

- Ley de Aguas de 1985
- Ley de Costas de 1988
- Ley de Residuos de 1998
- Ley de Envases y Residuos de Envases de 1997
- Ley de Contaminación Atmosférica de 1972.

Otros órganos estatales con competencias medioambientales son:

- Consejo Asesor de Medio Ambiente
- Consejo Nacional del Agua
- Comisión Nacional de Protección de la Naturaleza
- Consejo Nacional del Clima

- Legislación de la Comunidad Autónoma:

Consejerías de Medio Ambiente que tienen las siguientes competencias:

- El desarrollo y ejecución de la legislación básica de la Administración General del Estado

- La elaboración de estudios y proyectos normativos

- La coordinación de la gestión ambiental en su ámbito

- Normativa Municipal

Algunas competencias son:

- Servicios de limpieza viaria

- Recogida y tratamiento de Residuos y de alcantarillado

- Protección de la salubridad pública

- Protección civil y extinción de incendios

En el hogar:

- Elegir materiales de envasado correcto y con identificación (punto verde o símbolo del sistema de gestión)

- Incorporar sistemas de aislamientos en puertas, ventanas y fachadas

- Uso racional del agua en el cuarto de baño, al abrir y cerrar el grifo.

- Gestión adecuada de residuos generados: separación de los residuos orgánicos de los inorgánicos de acuerdo con la Ley 11/97 de Envases y Residuos de Envases.

En el entorno:

- Respeto del entorno natural: prevenir incendios, no arrojar basuras, evitar molestar a los animales.

- Cuidado de las zonas verdes, monumentos.

- Buen uso del suelo.

En el transporte:

- Ir caminando a los sitios cercanos

- Uso del transporte público

- Compartir el transporte privado

- Conducir de manera que ahorremos combustible.

- Cambiar los aceites solamente en el taller

- Depositar las baterías en los puntos limpios

En los centros educativos y de trabajo:

- Utilizar papel reciclado 100% a ser posible

- Aprovechar las nuevas tecnologías (correo electrónico...)

Medio ambiente

Control del impacto ambiental en el sector gráfico.

La contaminación del Medio Ambiente tiene como consecuencia tres tipos de responsabilidades:

- Administrativa: equivale a una sanción económica

- Penal: delito ecológico

- Civil: indemnizaciones.

Composición de los desperdicios:

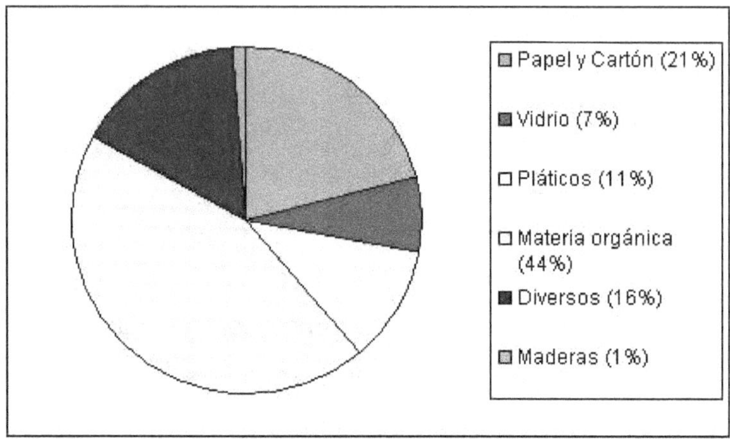

Ministerio de Industria y Energía

Control del impacto ambiental en el sector gráfico

Residuos líquidos

a) En Preimpresión.

- Películas fotográficas: la película convencional contiene sales de plata y para procesarla necesita productos químicos (revelador + fijador + agua).

Aunque existen unidades de recuperación de plata, el contenido de la misma no puede ser eliminada completamente, además de los productos químicos utilizados.

- Formas impresoras (planchas de offset, planchas de flexo, cilindros de huecograbado, pantallas de serigrafía): para procesarlas necesitamos productos químicos.

Se puede incorporar un circuito cerrado mediante un depósito de agua en el cual se colocan una serie de filtros que retienen las sustancias disueltas dejando el agua prácticamente limpia.

- Disminución de la contaminación:

    - Utilización de sistemas Computer To Plate CTP.

    - Disminución de las repeticiones de películas y planchas

    - Disminución de los retoques de las pantallas de serigrafía

    - Trabajar con los líquidos en su temperatura óptima.

    - Evaporación de los residuos

    - Recogida de residuos por una expresa autorizadas para ello.

b) En impresión

- Solución de mojado: utilización de alcohol isopropílico.
  Disminución:

- Sustitución de aditivos de mojado
    - Utilizar filtros

- Tintas y barnices:
    - Ajustar la cantidad a utilizar lo más posible a la necesaria
      para la producción.

- Siempre que sea posible aprovechar los sobrantes y si no
  almacenar los residuos en recipientes adecuados para ello y
  recogida por una empresa autorizada.

METALES UTILIZADOS EN TINTAS DE IMPRESIÓN	EJEMPLOS
Aluminio	Plata metálica
	Caolín (carga)
Bario	Pigmentos rojos
	Blanco fijo (carga)
Cobre	Azules y verdes de ftalocianina
	Polvos de bronce para tintas oros
Cobalto	Secantes para tintas offset
Manganeso	Pigmentos rojos
	Secantes para tintas offset
Plata	Tintas conductivas
Molibdeno	Pigmentos derivados de los ácidos fosfo-tungsto-molíbdicos
Titanio	Óxido de titanio (blanco cubriente)
Zinc	Polvos de bronce para tintas oros

Control del impacto ambiental en el sector gráfico

Residuos sólidos

a) En Preimpresión.

- Película: reducir repeticiones, control del proceso, utilizar tecnología CTP

- Plancha offset: reducir repeticiones (utilizar tecnología CTP), disminución del espesor de la plancha, ...

- Plancha de flexografía: disminución de repeticiones, utilizar tecnología CTP.

- Trapos de limpieza: utilización de trapos usados, eliminación previa de líquidos o tintas con antelación.

- Tinta: mejor aprovechamiento de la tinta de los envases, comprar envases más grandes, disponer de una instalación automática de tinta.

- Soportes papeleros: reducción de las mermas en el tiraje, mejor aprovechamiento de la superficie, posibilidad de utilizar papel usado como maculatura.

- Soportes no papeleros: disminución de los errores, reducción de las mermas de tiraje, ajuste de color más rápido, mejor aprovechamiento de la superficie.

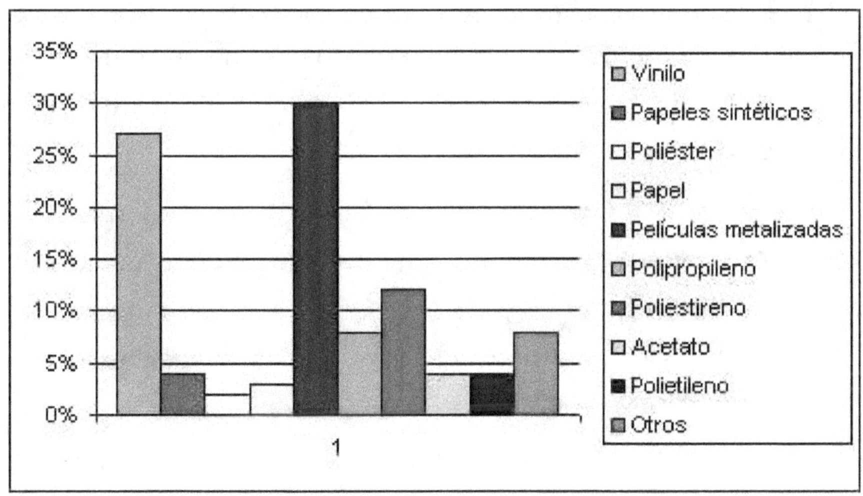

Materiales utilizados para etiquetas

- Embalajes de papel y cartón: ajustar las medidas lo máximo posible, utilizar embalajes de plástico, envases mayores...

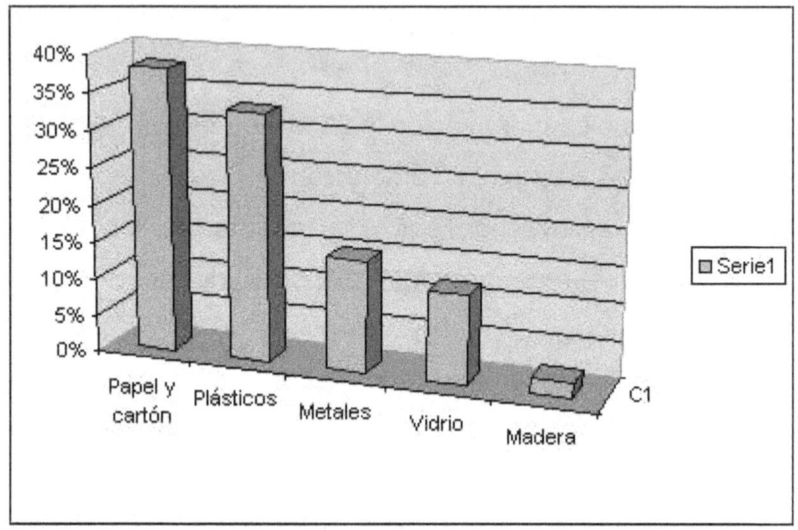

- Cartuchos de tóner: disminución de su uso, reducción de los errores.

- Envases de productos: utilizar envases de mayor capacidad, reutilización de los envases, utilizar sistemas de alimentación automática.

Residuos gaseosos

a) En Preimpresión.

- Espray adhesivos de montaje: utilizar cintas adhesivas, utilizar tecnología CTF/CTP.

- Limpieza de hojas de montaje: utilizar hojas de montaje nuevas, utilizar tecnología CTF/CTP, reducir el consumo de producto.

- Horneado de las planchas: utilizar el tiempo necesario de horneado en función de la tirada, utilizar planchas más resistentes, disminuir las repeticiones de planchas.

- Procesado de ozálidas: disminuir la utilización de este tipo de pruebas, utilizar plóter.

b) En Impresión.

- Secado de las tintas y barnices: minimizar los desperdicios, optimizar el secado, reducir el tiempo de ajuste de color.

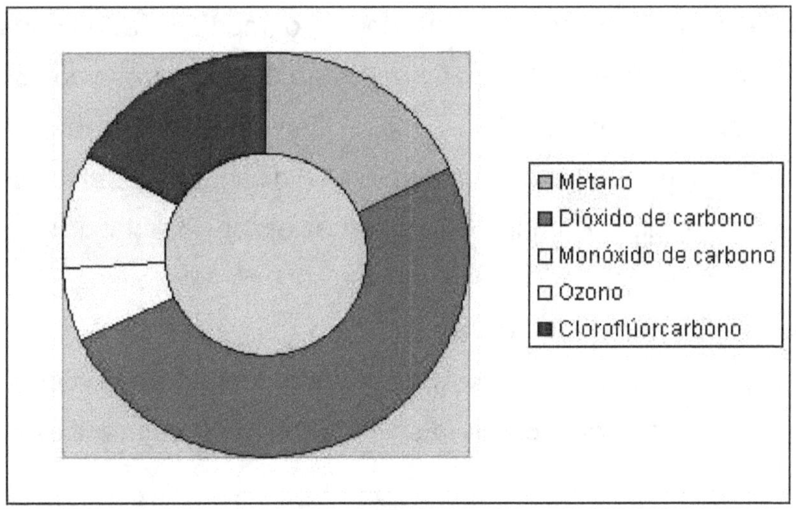

Residuos gaseosos

- Evaporación de la solución de mojado: disminución del porcentaje de alcohol isopropílico, tener los depósitos tapados, emplear temperaturas del depósito más bajas.

- Evaporación de disolventes: disminución de superficies abiertas, uso moderado de los productos de limpieza.

Seguridad e Higiene

Introducción

La Ley de Prevención de Riesgos Laborales obliga a los empresarios gráficos a realizar la prevención de riesgos mediante medidas convenientemente implantadas para garantizar la seguridad y la salud de los trabajadores de su empresa.

En la Ley de Prevención de Riesgos Laborales aparecen las siguientes definiciones:

Prevención: Conjunto de actividades o medidas adoptadas o previstas en todas las fases de actividad de la empresa con el fin de evitar o disminuir los riesgos derivados del trabajo. La organización mundial de la salud (OMS) distingue tres niveles:

- Prevención Primaria: Dirigida a evitar los riesgos o la aparición de los mismos mediante un control eficaz de los riesgos que no pueden evitarse.

- Prevención Secundaria: Se produce cuando ha comenzado el proceso de alteración de la salud, aunque no se manifieste de forma clara.

- Prevención terciaria: Hay que aplicarla cuando existe una alteración patológica de la salud o durante la convalecencia de la enfermedad o accidente o posteriormente al mismo.

Riesgo laboral: Posibilidad de que un trabajador sufra un determinado daño derivado del trabajo. Para calificar el riesgo desde el punto de vista de su gravedad, se valorarán conjuntamente la probabilidad de que se produzca el daño y la severidad del mismo.

- Riesgos provocados por agentes mecánicos: Caídas por tropiezos y resbalones, cortes.

- Riesgos provocados por agentes físicos: Ruido, vibraciones, radiaciones, electricidad.

- Riesgos causados por agentes químicos: Líquidos, vapores, gases.

- Riesgos de origen biológico: Virus, hongos, bacterias, parásitos.

- Riesgos provocados por la carga del trabajo: Peso excesivo, ritmos de trabajo.

- Riesgos causados por factores psicológicos y sociales: Sexo, edad, entorno social.

Daños derivados del trabajo: Enfermedades, patologías o lesiones sufridas con motivo del trabajo.

Riesgo laboral grave e inminente: Aquel que resulte probable racionalmente que se materialice en un futuro inmediato y pueda suponer un daño grave para la salud de los trabajadores.

Procesos, actividades, operaciones, equipos o productos potencialmente peligrosos: Aquellos, que, en ausencia de medidas preventivas específicas, originen riesgos para la salud y seguridad de los trabajadores que los desarrollan o utilizan.

Equipo de trabajo: Cualquier máquina, aparato, instrumento o instalación utilizada en el trabajo.

Condición de trabajo: Cualquier característica del mismo que pueda tener influencia significativa en la generación de riesgos para la seguridad y la salud del trabajador.

- Condiciones de seguridad: Características de los locales (escaleras, espacios, pasillos), instalaciones (electricidad, agua), equipos de trabajo (máquinas, herramientas), almacenamiento y manipulación de cargas y objetos, materiales o productos.

- Condiciones ambientales: Agentes físicos (ruido, vibraciones, radiación ultravioleta), agentes químicos y ventilación industrial, agentes biológicos, climatización y ventilación general, iluminación.

- Carga de trabajo: Física y mental.

- Organización y ordenación del trabajo.

Equipo de protección individual: Cualquier equipo destinado a ser llevado o sujetado por el trabajador para que le proteja de uno o varios riesgos que puedan amenazar su seguridad o su salud en el trabajo, así como cualquier complemento o accesorio destinado a tal fin.

Técnicas de prevención y clasificación

a) Técnicas que actúan sobre la salud del trabajador:

- Selección profesional
- Medicina preventiva del trabajo

b) Técnicas que actúan sobre los riesgos profesionales:

Técnicas de seguridad en el trabajo:

- Analíticas anteriores al accidente (inspecciones o auditorías de seguridad).

- Analíticas posteriores al accidente (notificación y registro de accidentes, investigación de accidentes, análisis estadístico de la siniestralidad).

- De seguridad operativa (de concepción, de corrección, de selección de personal, de formación, de propaganda de seguridad, de protecciones personales, de normas de seguridad).

- De seguridad organizativa.

Higiene industrial

- Teórica: Utiliza técnicas de laboratorio para establecer los estándares.

- De campo: Estudia la situación en el ambiente de trabajo.

- Analítica: Analiza cualitativa y cuantitativamente los contaminantes recogidos en el medio ambiente de trabajo.

- Operativa: Intenta reducir el grado de contaminación del ambiente de trabajo hasta los niveles fijados por la Teórica.

Ergonomía: Técnica preventiva orientada a la lucha frente la fatiga

- Ergonomía en el puesto de trabajo.

- Ergonomía de sistemas.

- Ergonomía preventiva.

- Ergonomía correctora.

- Ergonomía geométrica.

- Ergonomía ambiental.

- Ergonomía temporal

Psicosociología: es una técnica preventiva de lucha contra la insatisfacción del trabajador. Indicadores:

- Consideración social de la tarea.

- Posibilidad de la comunicación.

- Cooperación en el trabajo.

- Identificación con la empresa.

Política social: Técnica preventiva que comprende todo el conjunto de medidas y medios que el Estado y las Comunidades Autónomas establecen para combatir los accidentes y los riesgos laborales.

Formación – Educación: Se considera una técnica preventiva y tiene como objetivos el luchar contra la ignorancia y facilitar la creación de hábitos de defensa.

Normativa

Ley de Prevención de Riesgos Laborales (LPRL), 8 de noviembre de 1995 (BOE 10/11/95), modificación ley 50/1998 de 30 de diciembre (BOE31/12/1998), modificación ley 39/1999 de 5 de noviembre (BOE 6/11/1999).

Reglamento de los Servicios de Prevención, Real Decreto 39/1997 de 17 de enero (BOE 31/1/1997), modificación por Real Decreto 780/1998 de 30 de abril (BOE 1/5/1998).

Disposiciones mínimas de señalización de seguridad y salud en el trabajo, Real Decreto 485/1997 de 14 de abril (BOE 23/4/1997).

Disposiciones mínimas de seguridad y salud en los lugares de trabajo, Real Decreto 486/1997 de 14 de abril (BOE 23/4/1997).

Disposiciones mínimas de seguridad y salud relativas a la manipulación manual de cargas, Real Decreto 487/1997 de 14 de abril (BOE 23/4/1997).

Disposiciones mínimas de seguridad y salud relativas al trabajo con equipos que incluyen pantallas de visualización, Real Decreto 488/1997 de 14 de abril (BOE 23/4/1997).

Protección de trabajadores contra riesgos relacionados con la exposición a los agentes biológicos durante el trabajo, Real Decreto 664/1997 de 12 de mayo (BOE 24/5/1997).

Protección de trabajadores contra riesgos relacionados con la exposición a los agentes cancerígenos en el trabajo, Real Decreto 665/1997 de 12 de mayo (BOE 24/5/1997), modificación Real Decreto 1124/2000 de 16 de junio (BOE 17/6/2000).

Disposiciones mínimas de seguridad y salud para la utilización de los trabajadores de los equipos de protección individual, Real Decreto 773/1997 de 30 de mayo (BOE 12/6/1997).

Disposiciones mínimas de seguridad y salud para la utilización de los trabajadores de los equipos de trabajo, Real Decreto 1215/1997 de 17 de Julio (BOE 7/8/1997).

Protección de la seguridad y salud de los trabajadores contra riesgos relacionados contra los agentes químicos durante el trabajo, Real Decreto 374/2001 de 6 de abril (BOE 1/5/2001).

Disposiciones mínimas para la protección y la salud de los trabajadores frente al riesgo eléctrico, Real Decreto 614/2001 de 8 de junio (BOE 21/6/2001).

Funcionamiento de las mutuas de accidentes de trabajo y enfermedades profesionales de la Seguridad Social en el desarrollo de actividades de prevención de riesgos laborales, Orden de 22 de abril de 1997 (BOE 24/4/1997).

Protección de los trabajadores frente a los riesgos derivados de la exposición al ruido durante el trabajo, Real Decreto 1316/89 de 27 de octubre (BOE 2/11/1989).

Reglamento de seguridad en las máquinas, Real Decreto 1495/86 de 26 de mayo (BOE 21/71986), modificado por Real Decreto 830/1991 (BOE 31/5/1991). Y Real Decreto 1435/1992 de 27 de noviembre (BOE 11/12/1992), modificado por Real Decreto 56/1995 (BOE 8/2/1995).

Notificación de sustancias nuevas y clasificación, envasado y etiquetado de sustancias peligrosas, Real Decreto 363/1995 de 10 de marzo, modificación por Orden del Ministerio de la Presidencia de 5 de abril de 2001 (BOE 19/4/2001).

Almacenamiento de productos químicos y sus instrucciones técnicas complementarias, Real Decreto 379/2001 de 6 de abril (BOE 10/5/2001).

Reglamento de seguridad contra incendios en los establecimientos industriales, Real Decreto 786/2001 de 6 de julio.

Riesgos específicos del sector gráfico

La distribución de trabajadores del sector gráfico (artes gráficas y manipulados) por comunidades autónomas es el siguiente:

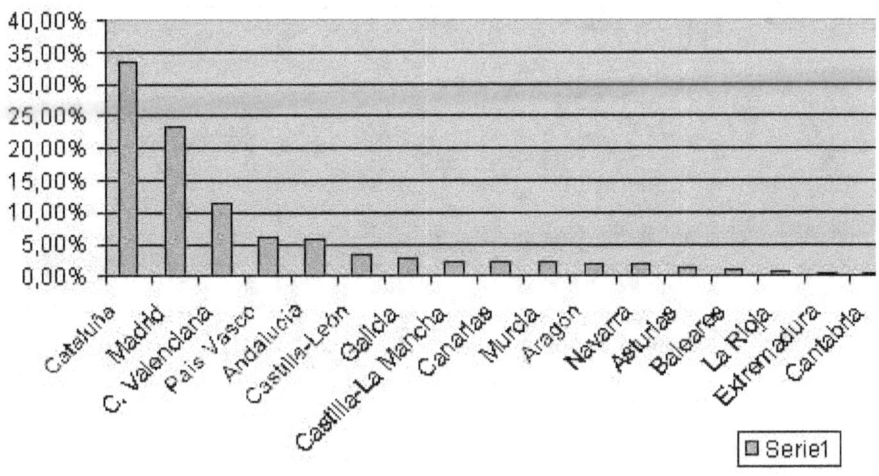

Distribución de trabajadores

Accidentes de trabajo en el sector de papel, artes gráficas y edición en 1998:

Factores en que se produjeron los accidentes	Número de accidentes			
	TOTAL 9991	Leves 9854	Graves 132	Mortales 5
Sobreesfuerzos	2796	2790	6	-
Golpes por objetos o herramientas	1693	1685	8	-
Atrapamiento por o entre objetos	1487	1428	58	1
Caídas de personas al mismo nivel	669	663	6	-
Caídas de personas a distinto nivel	606	596	10	-
Pisadas sobre objetos	560	556	4	-
Choques contra objetos inmóviles	539	538	1	-
Caídas de objetos en manipulación	428	425	3	-
Proyecciones de fragmentos o partículas	311	310	1	-

Choques contra objetos en movimiento	307	304	3	-
Atropellos o golpes con vehículos	208	193	14	1
Contactos térmicos	71	71	-	-
Contactos con sustancias cáusticas o corrosivas	71	70	1	-
Caídas de objetos por desplome o derrumbamiento	64	63	1	-
Atrapamiento por vuelco de máquinas o vehículos	39	37	2	-
Caídas de objetos por objetos desprendidos	36	35	1	-
Exposición a sustancias nocivas	24	23	1	-
Exposición a contactos eléctricos	23	21	2	-
Patologías no traumáticas	22	10	9	3
Accidentes causados por seres vivos	14	14	-	-
Exposición a radiaciones	10	10	1	-
Incendios	9	8	-	-
Exposición a temperaturas ambientales extremas	3	3	-	
Explosiones	1	1	-	

Accidentes del sector de artes gráficas declarados en el año 2000:

Distribución por meses	Accidentes	
	Número	%
Enero	30	9,17
Febrero	23	7,03
Marzo	26	7,95
Abril	25	7,65
Mayo	32	9,79
Junio	32	9,79
Julio	21	6,42
Agosto	12	3,67
Septiembre	31	9,48
Octubre	31	9,48
Noviembre	41	12,54
Diciembre	23	7,03
TOTAL	**327**	**100**

Señalética

Esquema-resumen

En esta unidad has aprendido...

Lo importante que son las normas de medio ambiente y seguridad e higiene en el entorno de trabajo y en el día a día.

Que es fundamental el respeto por el medio ambiente.

Que es imprescindible respetar las normas de seguridad e higiene en el trabajo tanto a nivel personal como a nivel colectivo.

Que los equipos, máquinas y productos cuando se les maneja correctamente y tomando las precauciones adecuadas son menos peligrosos para la salud y para el medio ambiente.

Glosario

AOX: compuestos orgánicos halogenados absorbidos.

DBO: demanda biológica de oxígeno.

DQO: demanda química de oxígeno. Compuestos contenidos en el efluente.

ECF: libre de cloro elemental. Son pastas papeleras que se blanquean con dióxido de cloro, pero no con cloro elemental.

Ergonomía ambiental: estudia y desarrolla las relaciones entre el hombre y los factores ambientales que inciden sobre él, condicionando su estado de salud y confort.

Ergonomía de sistemas: estudia conjunto de elementos, trabajadores e instrumentos que utilizan en su trabajo y sus distintas interacciones.

Ergonomía geométrica: estudia las relaciones existentes entre el hombre y las condiciones métricas y posicionales del puesto de trabajo, tendente a la óptima adecuación de éstas para el máximo confort humano.

Ergonomía preventiva: es la que se produce en la fase de concepción de los puestos de trabajo, con objeto de conseguir el diseño más adecuado al trabajo a realizar.

Ergonomía temporal: trata de lograr el bienestar del trabajador en relación con los tiempos de trabajo para lo que necesita tener en consideración el tipo de trabajo, los distintos tipos de organización, las cargas y los contenidos del mismo.

TCF: libre totalmente de compuestos de cloro. Son pastas papeleras que para blanquearlas no se utiliza ningún compuesto de cloro sino enzimas, oxígeno, peróxido de hidrógeno, ozono.

Evaluación

1. Relaciona las siglas con su significado

P 1	ONU		R 1	Programa de Naciones Unidas para el Medio Ambiente
P 2	CEE		R 2	Organización de las Naciones Unidas
P 3	PNUMA		R 3	Comunidad Económica Europea

2. ¿Cuáles son los gases causantes de la acidificación?

☐ Compuestos de azufre.

☐ Compuestos de nitrógeno.

☐ Compuestos de azufre y nitrógeno.

☐ Ninguno de los compuestos anteriores.

3. La sigla que representa la demanda biológica de oxígeno es:

☐ TOCl

☐ AOX

☐ DBO

☐ DQO

4. La ergonomía que estudia y desarrolla las relaciones entre el hombre y los factores ambientales que inciden sobre él, condicionando su estado de salud y confort.

☐ Preventiva.

☐ Geométrica.

☐ Ambiental.

☐ Temporal.

5. Las mermas de papel en el tiraje son unos desperdicios:

☐ Sólidos.

☐ Líquidos.

☐ Gaseosos.

6. El ruido producido por una plegadora es un riesgo producido en:

☐ Preimpresión.

☐ Impresión.

☐ Postimpresión.

7. La prevención dirigida a evitar los riesgos o la aparición de los mismos mediante un control eficaz de los riesgos que no pueden evitarse se denomina:

☐ Primaria.

☐ Secundaria.

☐ Terciaria.

8. Cuando se produce un delito ecológico, la responsabilidad es:

☐ Administrativa.

☐ Penal.

☐ Civil.

9. La ergonomía que se produce en la fase de concepción de los puestos de trabajo, con objeto de conseguir el diseño más adecuado al trabajo a realizar se denomina:

- [ ] Preventiva.
- [ ] Geométrica.
- [ ] Ambiental.
- [ ] Temporal.

10. La cantidad total de compuestos orgánicos ligados al cloro se denomina:

- [ ] ECF
- [ ] TCF
- [ ] TOCl
- [ ] AOX

Bibliografía

Comunidad de Madrid. Consejería de Medio Ambiente. "Manual de gestión Medioambiental y Auditoría. Sector de las Artes Gráficas". Editorial Mundi-Prensa. Madrid. 2000.

AIDO. "Guía para la gestión mediambiental en Industrias gráficas". Editorial AIDO. Valencia. 1995.

FEIGRAF. "Guía para la Evaluación y Control de Riesgos Laborales en las pequeñas y medianas empresas del Sector de las Artes Gráficas". Editorial FEIGRAF. España. 2001.

Artes Gráficas
Materias Primas

Soportes, tintas, impresoras, calidad, seguridad y evaluación

Edición EMD

Primera edición

Comunidad Europea

2021

www.ingramcontent.com/pod-product-compliance
Lightning Source LLC
Chambersburg PA
CBHW072255260726
48658CB00001BA/23